鉴石天下

系列之二

行家这样鉴赏

不可不知的
投资圣经

青田石

《鉴石天下》编委会 编著

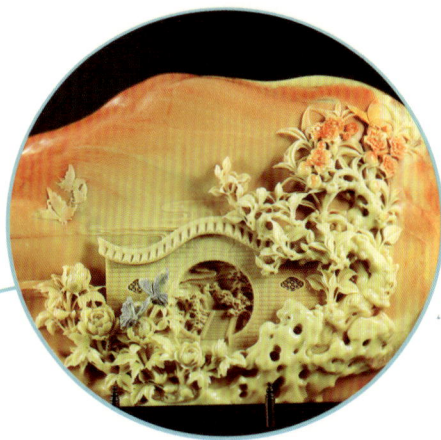

青岛出版社
QINGDAO
PUBLISHING HOUSE

国家一级出版社
全国百佳图书出版单位

图书在版编目（CIP）数据

行家这样鉴赏青田石 /《鉴石天下》编委会编著 . – 青岛：青岛出版社，2015.3

（鉴石天下系列之二）

ISBN 978-7-5552-1441-0

Ⅰ．①行… Ⅱ．①鉴… Ⅲ．①青田石－投资②青田石－鉴赏③青田石－收藏 Ⅳ．① F724.787 ② TS932.1 ③ G894

中国版本图书馆 CIP 数据核字（2015）第 004727 号

行家这样鉴赏青田石
不可不知的投资圣经

编 著 者	《鉴石天下》编委会
策 划	中海盛嘉
出版发行	青岛出版社
社 址	青岛市海尔路182号（266061）
本社网址	http://www.qdpub.com
邮购电话	13335059110 0532-68068820（传真） 0532-68068026
责任编辑	郭东明 程兆军 E-mail：qdgdm@sina.com
装帧设计	中海盛嘉
印 刷	山东鸿杰印务集团有限公司
出版日期	2015年3月第1版 2015年3月第1次印刷
开 本	16 开（787mm×1092mm）
印 张	14
字 数	300千
书 号	ISBN 978-7-5552-1441-0
定 价	79.00 元

编校质量、盗版监督服务电话 40065322017 （0532）68068670

青岛版图书售后如发现质量问题，请寄回青岛出版社印务部调换。电话：0532-80998826

前言
Foreword

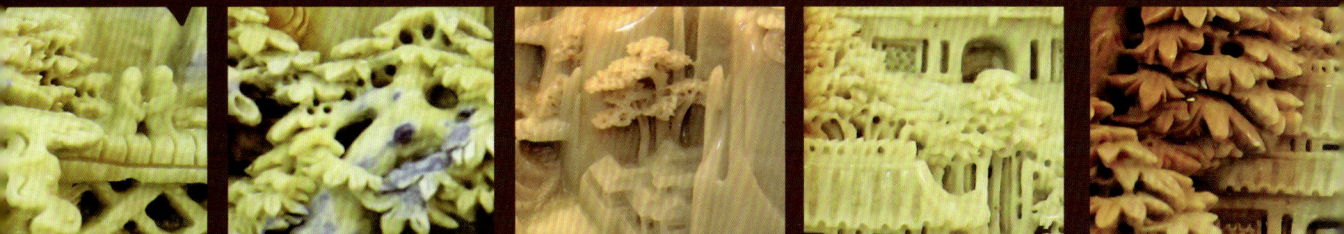

青田石产于浙江省丽水市青田县，是我国传统的"四大印章石"（寿山石、昌化石、青田石、巴林石）之一，历史悠久，色彩雅逸，不仅入贡宫廷，而且跨出国门，享誉海内外。在国家珠宝玉石检测规范中，青田石被归于天然宝玉石范畴，统称为彩石。

明代文学家屠隆在其著作《考槃余事》中载："青田石中有莹洁如玉，照之灿若灯辉，谓之灯光石，今顿踊贵，价重于玉，盖取其质雅易刻而笔意得尽，今亦难得。"

青田石雕至今已有1600多年的历史，是中国传统石雕艺术宝库中一颗璀璨的明珠，以秀美的造型、精湛的技艺博得人们喜爱，被喻为"在石头上绣花"，令人叹为观止。1992年国家邮电部专门发行了四枚青田石雕特种邮票，1995年、1996年青田分别被国务院有关部门命名为"中国石雕艺术之乡"和"中国石雕之乡"。

青田石种类繁多，按照产地、颜色、石质以及当地的俗称等分类，有100多个品种。其中，封门青、灯光冻、竹叶青等品种从古到今都属于青田石中的上品，也是诸多印石藏家趋之若鹜的品种，篆刻家皆称"贱金不如贵石"。

近年来，随着国内收藏市场的不断壮大，青田石受到的关注越来越多，价格由此急剧上涨。本书从青田石的形成原因、矿物组成、石种分类、历史渊源、市场走势、真伪鉴别等方面出发，通过诸多的图片和文字展示，系统地为广大爱好者提供了藏石、鉴石的诸多方法。

《鉴石天下》编委会

目 录

Contents

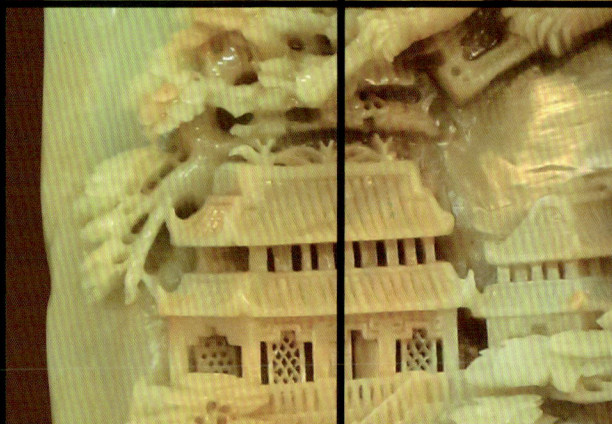

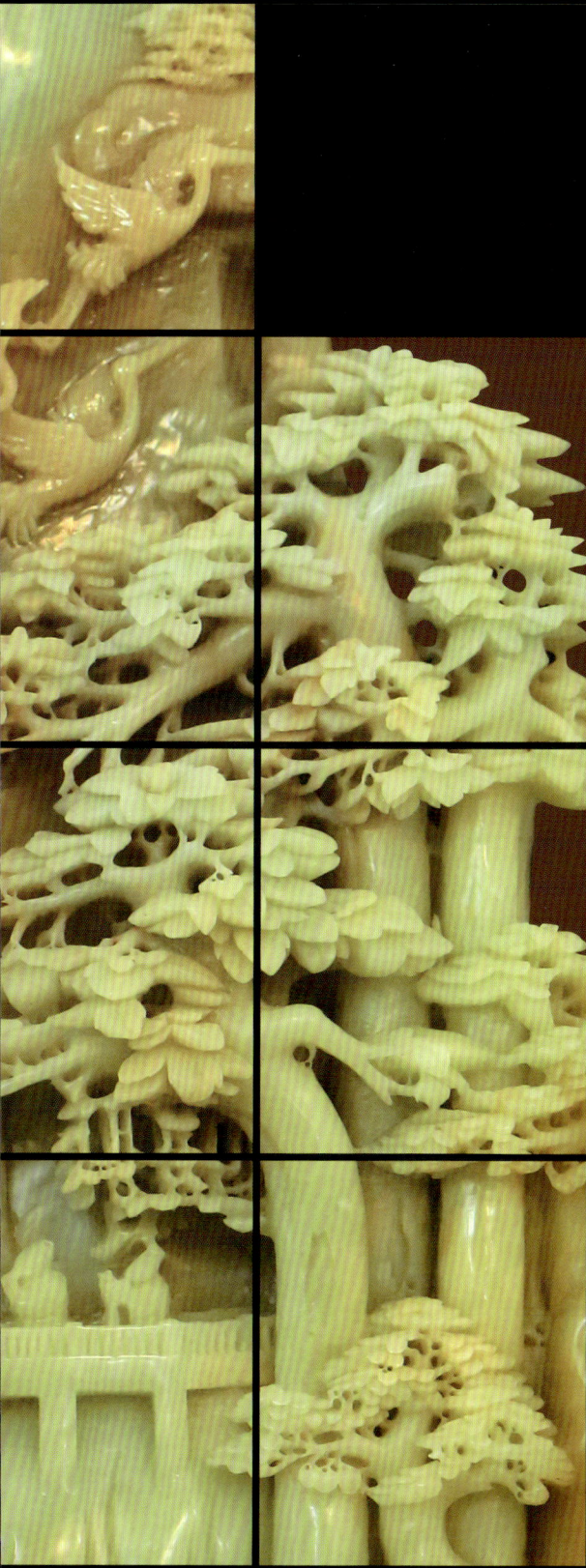

第三章

看专家选宝贝，
行家必买的青田石雕

因材施艺，因色取俏/镂雕精细，层次丰富/题材广泛，手法多样/122

第四章

学行家辨真假，
不打眼的石雕鉴定技法　　148

海螺女·青田石

尺　寸　42厘米×66厘米
鉴石要点　张爱廷雕刻。

第一章

跟行家长学问，这才是正版的青田石

真正的青田石

青田石因主要出产于浙江省丽水市的青田县，所以因此而得名"青田石"。在国家珠宝玉石检测规范中，青田石被归于天然宝玉石范畴，统称为"彩石"。这是由于青田石是由多种矿物组成，是一种具有美丽的颜色、质地细腻而滋润等宝石特征的特殊类型的岩石。

来自蟠桃宴上的美石

关于青田石的由来，在当地流传着这样一个神话故事：相传在上古时代，每年农历三月三正是蟠桃成熟之时，上天的最高女神王母娘娘会在这一天里大摆蟠桃宴，邀请各路神仙来庆贺。在有一年的蟠桃宴上，王母娘娘一时兴起就多喝了几杯琼浆玉露，结果一不留神将自己杯中的玉露洒在了瑶池宫殿上。

为了掩饰自己的失态，王母娘娘就对玉露道："人老了，喝不了太多，你还是到人间为百姓赐福去吧！"玉露于是离开瑶池宝殿，来到了山青水秀的青田方山，将自己五彩缤纷的珠露变成一块块晶莹剔透、艳丽多彩的青田石。

著名的四大印石之一

神话只是一种美好的想象，实际上，和寿山石、昌化石一样，青田石也是属于叶蜡石的一种，摩氏硬度较低，为1～1.5度。较低的硬度，以及分子结构均匀细密，少筋裂，色彩稳定，使得青田石成为理想的治印材料。

雕刻时线条细密而不断裂，篆刻时奏刀利落流畅，因而得到历代篆刻家的推崇而被广泛应用，是中国著名的四大印章石（寿山石、青田石、昌化石、巴林石）之一。

篆刻家的珍品

青田石种类繁多，按照产地、颜色、石质以及当地的俗称等分类，有100多个品种。其中，封门青、灯光冻、竹叶

龙钮·青田封门青石
尺　寸　2.7厘米×2.7厘米×11厘米

青等品种从古到今都属于青田石中的上品，也是诸多印石藏家趋之若鹜的品种，篆刻家皆称"贱金不如贵石"。

明代篆刻家吴日章认为："石宜青田、质泽理疏、能以书法引乎其间，不受饰、不碍力，而见笔者，石之从志也，所以可贵也。使治印文人雅士，视青田石治印既有治印之美，又有书法之意。"

青田石雕至今已有1600多年的历史，是中国传统石雕艺术宝库中一颗璀璨的明珠，以秀美的造型、精湛的技艺博得人们喜爱，被喻为"在石头上绣花"，令人叹为观止。

源自上古的美誉

现在可以见到的最早作品是珍藏在浙江博物馆内的出土文物——六朝时期用青田石雕刻的小石猪，作墓葬品用。在六朝之后，青田石雕迎来了新一轮的辉煌。

唐代高度发达的文化艺术熏陶了青田石雕的技艺，到五代吴越时期青田石雕技艺已达到一定的水平，从制作简朴的实用品，发展到能雕刻写实、生动、精细的圆雕宗教艺术品。南宋建都临安，浙江的手工业、商业十分繁荣，进一步推动了青田石产业的发展，但石雕产品仍以实用为主。

元代书画大家赵孟頫开始用青田石刻印章，之后，青田石就逐渐被文人雅士所喜爱。

到了明代用青田刻章成为当时社会上的一种流行风潮，之前常用的金、玉、铜等印章材料逐渐被青田石所取代。明代文学家屠隆在其著作《考盘余事》中载："青田石中有莹洁如玉，照之灿若灯辉，谓之灯光石，今顿踊贵，价重于玉，盖取其质雅易刻而笔意得尽，今亦难得。"

质地细腻，色彩艳丽的青田石也是历代文人笔

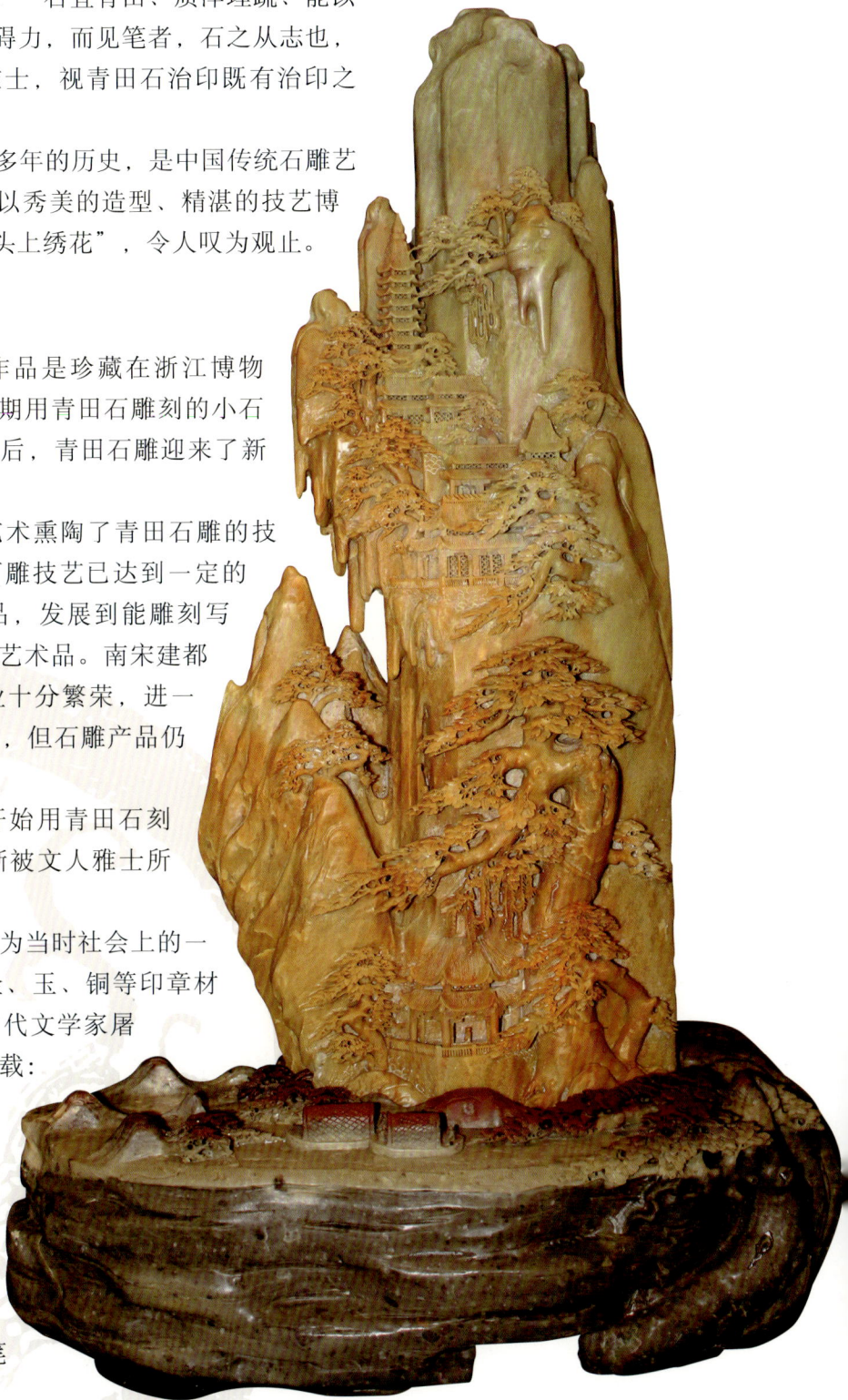

一峰独秀·青田石
尺　寸　45厘米×66厘米

下赞美的对象。清代诗人查慎行，是著名作家金庸的先祖，在其《寿山石歌》一诗中称："吾乡青田旧坑冻，价重苍璧兼黄琮。"当代大学者郭沫若亦盛赞青田石之美：青田有奇石，寿山足比肩；匪独青如玉，五彩竞相宣……

新中国成立以后，青田石雕艺人受到了政府的扶持，技艺发展得更加完善，屡获大奖。从20世纪50年代以来，青田石雕已经多次作为"国礼"馈赠外国客人。

1972年，美国总统尼克松访华，这一次"破冰"之旅促使中国重新向世界敞开大门而广受赞誉，其中还有一个鲜为人知的细节，那就是五百只中国的青田石雕小象被作为"国礼"赠送给尼克松及其随行团队。

青田石获得类似的荣耀还有很多，从日本首相田中、印尼总统苏加诺到朝鲜的金日成主席，青田石雕都曾荣幸地担当了中国艺术的代表和人民友谊的"使者"。

青田石四枚邮票

1992年12月邮电部发行"青田石雕特种邮票"4枚，石雕作品分别是：周百琦的"春"、林如奎的"高粱"、张爱廷的"丰收"、倪东方的"花好月圆"。

久负盛名的荣誉

1992年国家邮电部专门发行了四枚青田石雕特种邮票，1995年、1996年青田县分别被国务院有关部门命名为"中国石雕艺术之乡"和"中国石雕之乡"。

近年来，青田县委、县政府以"弘扬青田石雕文化，打造青田石文化之都"为战略目标，大力推进青田石雕内容创新，扶持和推动石文化产业的创作、生产、传播。

2001年，青田石成功入围中国四大名石评选；2002年，荣获国家颁发的原产地保护证明商标；2006年，荣

青田镇一景

瓯江横贯的青田镇，赋予了人民最美的青田石。

中国石雕城一景

位于青田县山口镇的"中国石雕城"目前已经成为国内雕刻石的重要交易地之一。

获首批国家级非物质文化遗产名录、"十大地理标志区域品牌"殊荣，同年，被列入浙江省"四个一批"重点文化产业。

2009年青田县创建了中国青田石雕文化4A旅游景区。2010年，青田县被国家授予"中国石文化之都"特色区域荣誉称号。

人气兴旺的青田市场

目前，青田已建有中国石雕城和石雕工艺品市场等两大上规模、上档次的专业性石雕市场。这两大市场坚持"以石会友、以人为本"的石文化经营理念，吸引了四方宾客光临惠顾。并随之人气兴旺，声誉益高，逐渐成为了全国最大的石雕集散地和中国石文化的观赏重地。

青田石由于总体产量和精品数量大不如昔，而收藏队伍的逐渐扩大，导致其价格逐年攀升。

深山访友·青田封门青石
尺　寸 15厘米×20厘米×10厘米
鉴石要点 石质细腻，主要采用浮雕技法，雕刻松柏、高山、人物等，是传统的"深山访友"题材。所雕之人信步于高山崇峻之间，翘首于崖壁之处，刀法简洁流畅，意趣清雅。

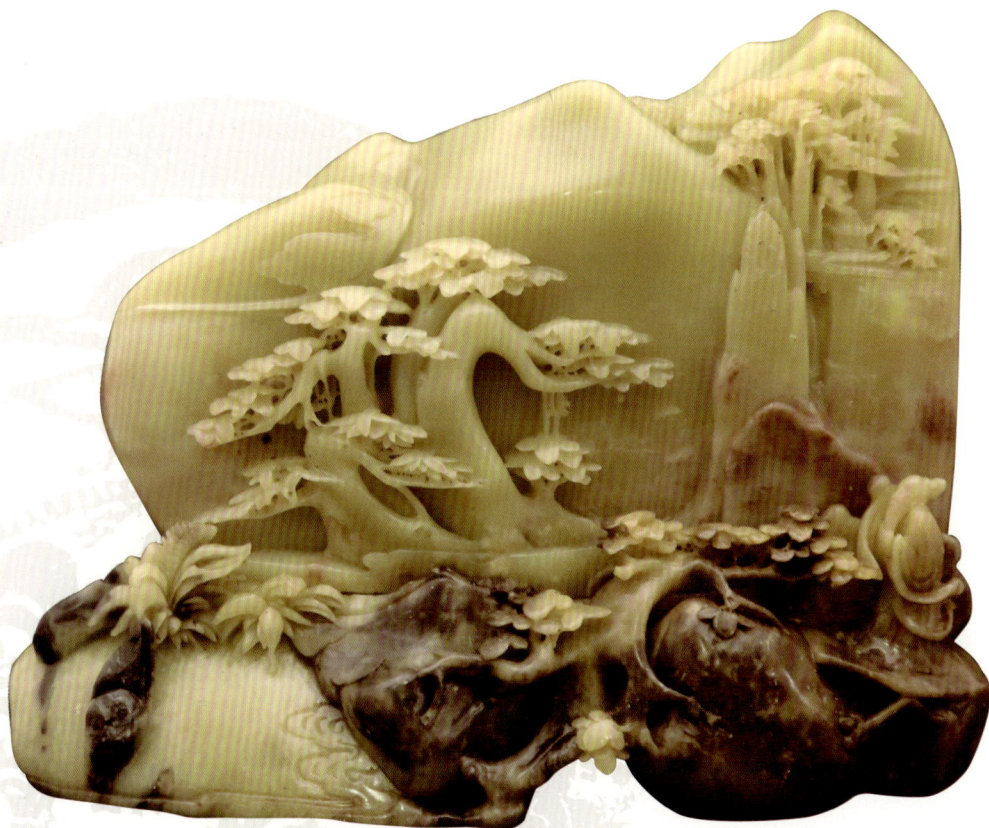

锦绣前程 · 青田红花石

尺　寸　44厘米×30厘米×15厘米

鉴石要点　颜色艳丽，石质温润，作品充分利用了石材的不同颜色，俏色巧雕，顶部红黄色的盛开花朵与下部待放的花苞形成鲜明的对比，视觉冲击力强劲。

五谷丰登·青田石

尺　　寸　42厘米×66厘米

丰收·青田石

尺　　寸　66厘米×48厘米

鉴石要点　整个作品洋溢着一种丰收的喜悦，红黄的穗粒饱满沉甸，压弯了高粱秆，仿佛低下头在向养育它的土地致敬。

青田石的形成与矿区

在地质构造上，青田石矿区属于华南褶皱系浙东南褶皱带的次级构造－温州－临海凹陷带。由于燕山运动的影响，区内构造活动频繁，并导致该区内晚侏罗世及早白垩世中酸性火山岩广泛分布。火山岩的蚀变作用强烈，蚀变岩的种类多，由蚀变岩分布特征推测，后期断裂构造可能是控制本区青田石矿形成和分布的重要因素之一。

青田矿床

青田石主要赋存于晚侏罗纪及白垩纪中酸性火山岩中。其矿体呈似层状、透镜体状、脉状及其他不规则形状，长几十米至100米以上，宽几米、十几米至几十米，矿石具有各种各样的变余交代结构，围岩蚀变有次生石英岩化、叶蜡石化、高岭土化、绢云母化等，矿床在成因上属于火山热液交代型青田石矿床。

青田原石
尺　寸　5厘米×8厘米

鸿运当头·青田彩石
尺　寸　30厘米×40厘米

矿物成分

青田矿石是多种矿物的集合体，主要矿物成分为叶蜡石，共生或伴生矿物有刚玉、地开石、高岭石、红柱石，脉石矿物主要为石英、绢云母、黄铁矿。青田石的主要化学成分是氧化铝和二氧化硅，含有少量的钾、锰、钛、铁等元素，其中氧化铝和二氧化硅占矿石总含量的九成左右。

矿物结构

青田石大多不透明至半透明，少数透明，外观呈块状、条带状、条纹状、球状等构造。青田石的矿物学特征是具显微鳞片变晶结构、团粒结构、放射球粒状结构、不规则的放射纤维状结构，将其放在扫描电镜下观察，地开石呈假六方板状或他形粒状，结晶

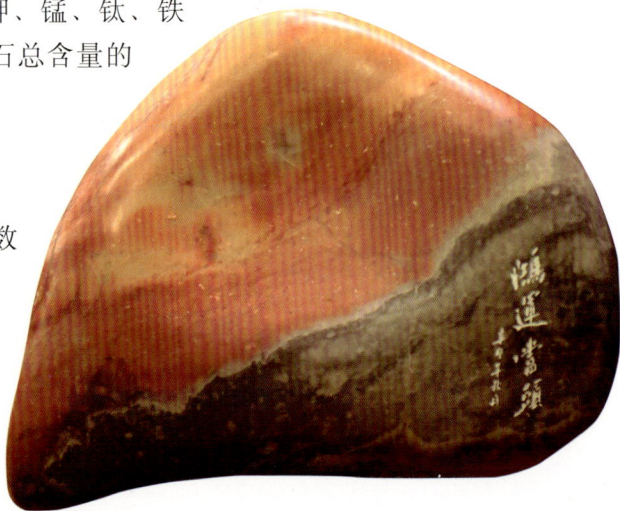

颗粒细小，结构致密，为鳞片状集合体；红柱石、刚玉、石英等矿物呈颗粒状分布于叶蜡石或地开石基质中。

矿物含量

青田石的石色与所含的化学元素有关，如含氧化铁、黄铁矿呈黄、棕黄色；含赤铁矿呈红、红褐色；含钛元素呈淡红色；含锰元素呈紫色；有机碳质呈褐色至深黑色；绿泥石混入呈绿色等。青田石中的花纹是在矿石蚀变过程中受外力的挤压、聚集、沉淀、浸入，而使各种色素矿物质相互浸染、压固、胶结等而形成的。

青田石中矿物的含量决定了石质的软硬。一般氧化铝含量愈高愈软，反之氧化硅、氧化铁含量愈高愈硬。

青田石的主要颜色有青白、浅绿、浅黄、黄绿、淡黄、紫蓝、深蓝、灰紫、粉红、灰白、灰、白等颜色，有腊质感，均质块状，密度为2.65～2.9克/立方厘米，密度因内部含有的细小矿物颗粒种类的不同、含量的多少而变化。

童子送福·青田龙蛋石
尺　寸　28厘米×40厘米
鉴石要点　龙蛋石外壳坚硬但内部柔软，作品圆雕一童子，表情天真烂漫，既有"童子送福"的寓意，也有"新生"的象征。

青田石的产地分布

青田石有广义和狭义青田石之分：狭义的青田石指产地在青田县南郊约十几千米的方山、山口一带，主要矿点有山口、方山、塘古、山炮、白岩、岭头、季山、周村、封门山(又名风门山)、下堡等地，所产的印章石统称"青田石"；广义的青田石指分布于浙江全省、与青田石雕所用叶蜡石材料类似的其他玉石材料。

青田县

青田县地处浙江省东南部，瓯江中下游。位于东经119度41分～120度26分和北纬27度56分～28度29分之间。东接温州，南连瑞安、文成，西临丽水、景宁，北靠缙云，全县总面积2493平方千米，丘陵低山有2228平方千米，占89.7%，河溪、塘、库124平方千米，占5%，平地132平方千米，占5.3%，故有"九山半水半分田"之称。

青田县历史悠久，自唐睿宗景云二年（711年）置县，至今已有1300多年，原来隶属处州，中华人民共和国成立后，属温州专区。1963年5月改属丽水地区。2000年7月，丽水撤地设市，青田县隶属丽水市。据该县县志记载，青田因太鹤山下田产青芝，而取县名叫芝田，后改叫青田。

青田属山地丘陵地貌和亚热带季风气候区，温暖湿润，四季分明，年平均气温为18℃。境内溪谷纵横，烟江秀丽，山峦连绵，奇峰挺拔，自然风景资源丰富，人文景观星罗棋布，相映生辉。最为突出的是"一江二石"。一江，指贯穿青田全境的瓯江；二石，指省级著名风景名胜区石门洞和历史悠久、闻名中外的青田石雕。

青田矿段

据地质勘测，青田石主要有位于青田县城东南部山口区的山口—方山；北山区的白岩、季山、周村、岭头、石门头；万山区的下堡等矿点。其中，山口—方山一带的矿区最大。该矿区位于浙江省东部沿海中生代火山喷发带中部，北山—山口火山洼地中，山口—油竹南北向断裂带通向矿区，呈北东—南西向展部，全长6千米，自北向南，根据矿化带的分布出露特点，划分尧士、封门—白垟、老鼠坪三个矿段。

尧士矿段矿体共2层，呈层状，长约1700米，厚20～150米。旦洪封门—白垟块段矿体共6层，呈层状，长约2300米，厚20～135米。2006年6月的统计显示，两个矿段共计保有叶蜡石资源储量728万吨，其中尧士矿段保有叶蜡石资源储量30.84万吨，旦洪封门—白垟块段保有叶蜡石资源储量697.16万吨。老鼠坪矿段位于矿区的最南西端，长300～400米，宽30～40米，厚20～30米。近似东西走向，倾角近水平，似层状的矿化带被断裂切为3块，矿体主要产自矿化带中。

春潮烂漫·青田红花石

尺　　寸　40厘米×26厘米×15厘米

鉴石要点　"已是悬崖百丈冰，犹有花枝俏。俏也不争春，只把春来报。"梅花雕刻细腻，颜色艳丽，造型生动大方，形神皆备。

青田石的开采

据地质资料表明，山口叶蜡石矿属于中至大型矿，所产的矿石质量较好，是工艺雕刻、陶瓷耐火材料的理想原料。另外，吴岸乡的塘古，虽然叶蜡石藏量较少，但用于雕刻的石质甚佳。至于北山、下堡等地则主要出产工业用叶蜡石、高岭石、伊利石，只有极少数能用于雕刻。

找脉线

开采青田石一般是先找脉线。古时候没有测量矿山的专门仪器，寻找脉线有几个经验：一是追根溯源法，就是派出有经验的采石工人在河里面寻找青田石的鹅卵石，如果能在河里面找到，就说明其河流源头的高山上必有矿脉。

二是在山上仔细寻找独石，这是因为次火山岩经过风雨的剥蚀暴露在地表，后崩裂粉碎，夹在岩石里的青田石也就随着崩碎，滚落在坡地上。如果能发现有这样的石块，就表明在附近的山上有青田石的矿脉。

三是直接从岩石上寻找脉线，如果发现岩石的缝隙有充填的青田石脉线，那么就可以顺着脉线挖凿，这也是一种比较准确的找矿方法。

山居秋暝·青田黄金耀石

尺　寸　24厘米×40厘米×15厘米

鉴石要点　作品描述了一幅秋日晚景的景象，一派悠闲的山林生活，充满了诗情画意。正如唐代诗人王维的《山居秋暝》一般："空山新雨后，天气晚来秋。明月松间照，清泉石上流。竹喧归浣女，莲动下渔舟。随意春芳歇，王孙自可留。"

探矿洞

找到青田石的脉线之后就进入了开采阶段，最早的采矿方法是直接在脉线上用火烧，由于热胀冷缩的缘故，矿脉受热就会膨胀，扩大了与岩石的裂缝，之后用冷水浇淋让其迅速冷却，矿脉缩小，自动与岩石剥离，然后用钢钎沿缝凿石，可以起到事半功倍的效果。但更多的矿脉不在表面，这种情况下就需要凿洞而入。

凿矿洞

一般的矿洞高2米左右，矿洞内围径仅1米多，人可以在里面直起腰来行走。矿洞的曲直没有固定的形态，完全是依照青田石的矿线而定，矿洞两旁用木头柱子支撑起来，再把杂木横架于其上，这样做的目的是为了防止矿洞坍塌。

这是一项非常艰苦的工作，过去从事这项工作的人，大多数是生活贫寒只能靠体力劳动来维持生活的人。在最前面一人用器物挖掘，其他人在后面逐个传递。有的用锄头扒石碴，有的用竹箕装石碴，一手接一手传出洞口。遇到石线向下层延伸，还需要打井。

荷塘月色·青田龙蛋石

尺　　寸　30厘米×20厘米

鉴石要点　一轮明月映照在整个荷塘上面，小桥流水、一叶扁舟、亭台楼榭、苍松翠柏都清晰可见，好一派静谧迷人的夜色。

建石矿

井上装十字架转轮，用麻绳扎在竹制土箕上，一筐又一筐地吊上来往洞外排碴。在洞内石农用干竹片点燃，照明作业。随着社会进步，后改用煤油灯或用蜡烛照明，现在普遍用柴油机于洞外发电，安装电灯照明。

开采

近代开始综合利用青田石，不仅用于工艺，还用于工业，开采量大大提高，50年代以后，采石工人逐步组织起来建立了蜡石矿，采用电力机械开采手段和半自动运输办法，减轻了劳动强度，提高了劳动生产率，增加了开采量。

青田石的命名有讲究

青田石品种繁多，命名方式有的是按照产地命名，有的是按照石头的颜色命名，有的以石头的质地肌理命名。

产地命名

目前，藏石界以及青田当地多是按照产地对青田石进行分类的，按此可将青田石分为封门石、尧士石、旦洪石、白垟石、老鼠坪石、塘古石、周村、山炮石、北山石、方山石、季山石、岭头石和武池石等（有的分类方法将封门石、旦洪石、尧士石、白垟石、老鼠坪石统归为山口石），有100多个品种。

颜色命名

按石头的颜色可将青田石分为青色、黄色、红色、蓝色、白色、黑色、绿色、紫色、褐色、棕色和花色等。

矿物成分命名

在矿物学上，青田石根据矿物成分可分为叶蜡石型和非叶蜡石型两类，其中叶蜡石型青田石占大多数。非叶蜡石型又可按照矿物内部成分的多寡分为地开石型、伊利石型和绢云母型。

质地肌理命名

在这些品种中，石头的优劣程度差距较大，以油脂状的冻石为上品，细腻亮泽不冻为中品，粗糙无光为下品。单色的应以纯净无杂质、无裂痕的冻石为上品，石质基本纯正，细腻光泽，无裂痕为中品，石质粗而光水不足为下品。

单色中杂有冻路、冻点或有近似的色相，只要是和谐协调的也属上品。

彩色的，应以色形美观，色泽光润、质地细腻无裂痕为中品，色泽灰暗、色形杂乱，质地粗糙或有明显裂痕为下品。有顽石夹冻石者，若能构成作品的亦属上品。

步步高升·青田黄金耀石

尺　　寸　39厘米×61厘米×24厘米

鉴石要点　色泽艳丽，质地细腻，采用镂雕、浮雕等技法，雕刻在松枝上自由嬉戏的仙鹤，形态逼真，静中有动，寓意"步步高升"。

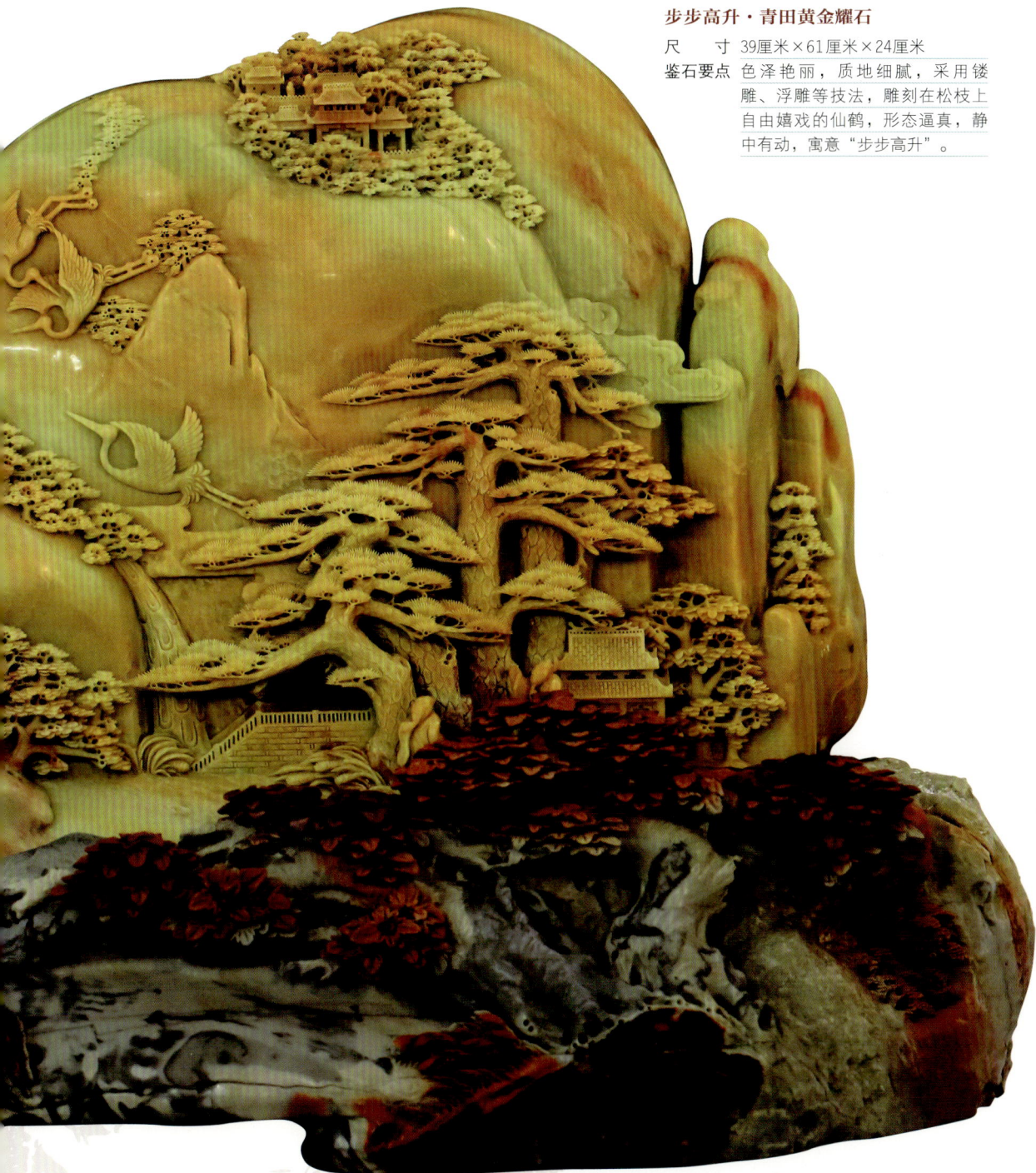

捷报丰收·青田黄金耀石

尺　　寸　38厘米×26厘米×11厘米

鉴石要点　传统的松鼠葡萄题材，松鼠俏皮可爱，葡萄饱满水嫩。葡萄旧俗表示五谷不损，以喻丰收、富贵。鼠在十二时辰中为子，寓"子"之意，合为"多子"，此作品表达了人们对丰收的喜悦之情。

事事如意·青田黄金耀石

尺　　寸　40厘米×62厘米×18厘米
鉴石要点　石质润泽，颜色浓厚，果实饱
　　　　　满，散发出自然的光彩之美。
　　　　　"柿"与"事"谐音，寓意
　　　　　"事事如意"。张海政雕刻。

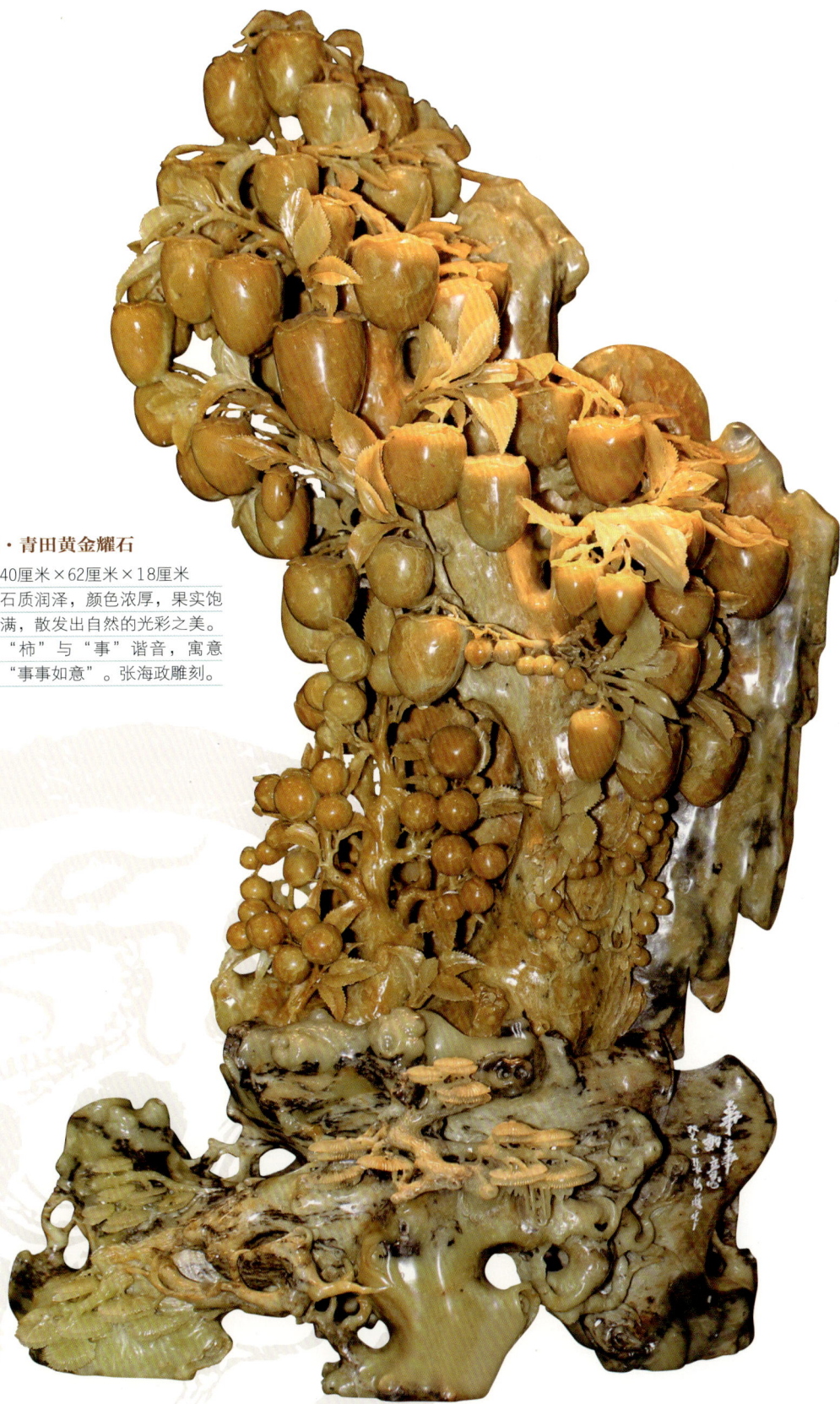

腾飞·青田封门青石

尺　　寸　39厘米×34厘米×15厘米

鉴石要点　骏马昂首嘶鸣、身形矫健，似
　　　　　要腾空而起，凌云飞驰，整个
　　　　　造型线条细腻，形态逼真，给
　　　　　人一种气势如虹之感。

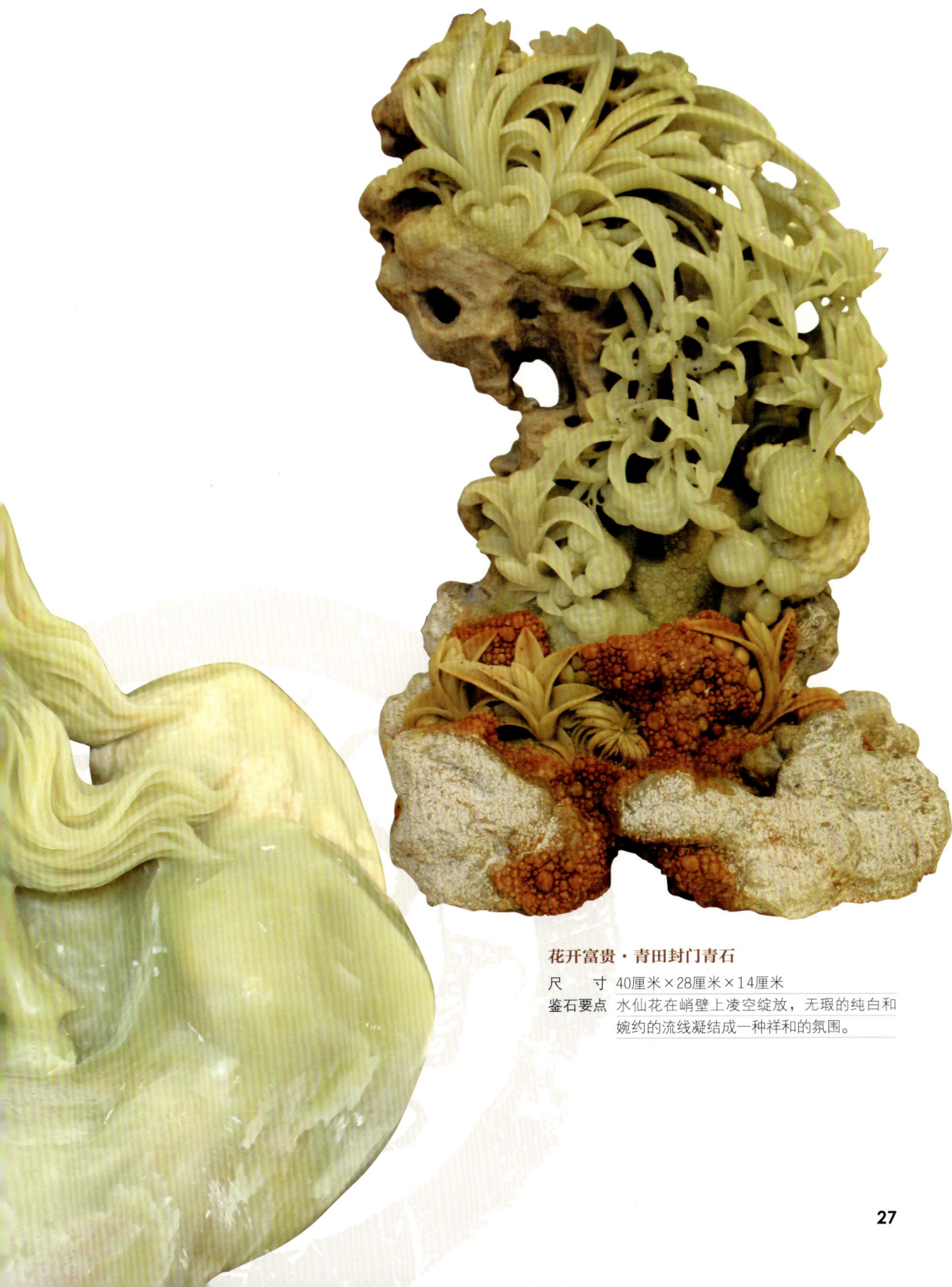

花开富贵·青田封门青石

尺　　寸　40厘米×28厘米×14厘米

鉴石要点　水仙花在峭壁上凌空绽放，无瑕的纯白和
　　　　　婉约的流线凝结成一种祥和的氛围。

连生贵子·青田石

尺　寸　31厘米×22厘米×10厘米

鉴石要点　作品俏色运用得当，雕刻细致，整株荷花生机蓬勃，荷叶舒展，既有待放的花苞，又有怒放的花朵，还有饱满的莲子，寓意"连生贵子"。

鸟语花香·青田封门石

尺　寸　35厘米×50厘米

春回大地·青田封门青石

尺　寸　33厘米×22厘米×12厘米

鉴石要点　竹笋是有节的植物，也是生命
　　　　　力很强的植物。在春日里，几
　　　　　节竹笋破土而出，不屈不挠，
　　　　　节节高升，洋溢着春的气息。

龙门·青田封门金玉冻石

尺　寸　16厘米×13厘米×25厘米

鉴石要点　作品以"鲤鱼跳龙门"为题材精心构思，以金黄色为吉祥的宝盒，以青玉色为跳龙门的鲤鱼，极具古意。作品荣获第二届中国名石展金奖，浙江省工艺美术大师徐伟军雕刻。

第二章

听行家数品类，

玩家必知的青田石种

封门石

封门石产于封门洞，因此得名。封门洞位于青田县山口镇西北方向3千米处，1000多年前，人们就在这里采石，时间长了，这里就形成了很深的洞。

竹报平安·青田封门青石

尺　寸　40厘米×54厘米×20厘米

鉴石要点　唐代诗人白居易在《画竹歌》中称："植物之中竹难写，古今虽画无似者。"画竹难，雕竹更加不易。作者运用娴熟的镂雕技艺，所雕之竹繁简适度，疏密有致。

封门洞的传说

传说，古时候由于封门石奇货可居价格高涨，当地的一个恶霸为了独霸这些宝石，在人们进洞采石后偷偷把洞口封住，结果正在洞内采石的山民活活被闷死在洞中，从此人们将此洞称为"封门洞"。

封门青的珍贵

产于封门洞的封门青极其珍贵，一枚小小的封门青印章卖价上万元非常普通。由于历史悠久、保存完好，封门洞现在已作为当地的一个著名旅游景点，成为考察青田县石雕史的一个好去处。

封门石的特点

封门石的整体特点是质地细腻，光泽明亮，软硬度适中，且不容易风化，非常适宜雕刻各种印章或者雕件。其中，灯光冻、鱼脑冻、封门青均属于封门石中的名贵品种，自宋元至今一直都是在篆刻艺术领域独领风骚的上佳品种。

明代屠隆的《考槃余事》云："青田石中有莹洁如玉，照之若灯辉，谓之灯光石，今顿踊贵，价重于玉，盖取其雅，易刻而笔意尽也。今也难得。"鱼脑冻的质地仅次于灯光冻，两者之间的差别不大，在辨别的时候注意：灯光冻中有瑕者为鱼冻，鱼冻中无瑕者为灯光冻。按照颜色、质地等石头的特点，封门石又可细分为灯光冻、鱼脑冻、封门青、兰花青、封门绿、酱油冻、黄金耀、白果冻、黄果冻、朱砂青田、紫罗兰、蓝带、蓝星、蓝钉、封门三彩等。

封门石的品类及质地特点

品种	质地特点
灯光冻	灯光冻因在强光的照耀下发出黄色的光泽，灿若灯辉而得名，当地人也叫灯明石、灯光石，此类石头的外表莹洁如玉，呈冻状，半透明，主要矿物成分是叶蜡石。石头软硬相宜，摩氏硬度约为2度，既易雕刻又不崩缺，为青田石中的名贵品种，得之不易。
鱼脑冻	又称鱼冻，外表颜色青色微黄就好像鱼脑一般，质地温润细腻，呈冻状，不透明，内部含有浅色斑点或杂质，较易脆裂。
封门青	又称封门冻，颜色青而泛黄，一如纯净的黄蜡，又如春天里清淡的嫩叶，还有青翠如碧玉者是其中的上品。由于封门青的矿脉很细，且弯曲盘绕游延于岩石之中，所以产量很少。此类石头颜色高雅，硬度适中、质地温润细腻，是所有青田石中最容易受刀之石，不坚不燥，受到历代诸多印石篆刻者的青睐。
兰花青	又称兰花冻，石头的颜色就好像兰花一样，青而泛白，质地细腻通灵微透，呈冻状，多以小块石头出现，大块的较为少见。
封门绿	外观就好像翡翠一般呈鲜绿色或翠绿色，透明度一般，质地坚硬，不容易奏刀。
酱油冻	石头的颜色就好像酱油汤一样呈深褐色或棕黄色，石质温润细腻，肌理偶隐有丝纹，不透明。酱油青田石质坚韧，坠地而不碎，旧坑酱油冻难得，现在世面上所售的都是新坑，酱油冻中有一种石纹像松花纹，称之为松花冻。酱油冻比鱼脑冻差一些，但也是青田石中的珍品。
黄金耀	石头的颜色呈金黄色，冻状，颜色非常均匀、艳丽妩媚，质地纯净细洁，微透明，也是青田石中的上佳品种。
白果冻	石色白微青黄就好像煮熟的白果一般，色彩匀净、质地细腻，冻状、不透明，刀感较好，是上好的印章石材。
黄果冻	石色呈米黄色，就像米粉做的黄色糕果一般，色彩匀净，结实少裂，光洁不透。
朱砂冻	又称青田鸡血石，石头颜色呈朱红色，艳丽浑厚，质地细腻洁净，一般掺杂有浅黄色或黑白色的斑块，色泽纯净者十分难得。
紫罗兰	石头外观呈紫罗兰叶子的颜色，有细砂，隐有青白色细密冻点。
蓝星	在青色、黄色石料上分布有蓝色的冻点或者蓝线，有些石内还常隐现白色冻点，透明度一般，比重大，蓝星密集呈带状者，称为蓝带。此种石料以蓝色鲜艳而底料细润者为上等石。
蓝钉	石头的颜色呈蓝色或蓝灰色，主要由刚玉和红柱石组成，呈球状或拉长的球泡状，微透明，摩氏硬度大，6.5~7.5度，质地粗糙坚硬，难以奏刀。
封门三彩	以黑色为主调，上有酱油冻，两色间有一封门青薄层，有时呈黑、青、黄、棕、蓝多色或仅有两色，质地不细腻，有砂感。

印章·青田灯光冻圆头方章（三方）

尺　寸　1.6厘米×1.6厘米×6厘米，1.5
厘米×1.5厘米×9厘米，1.2厘
米×1.2厘米×7厘米

鉴赏要点　灯光冻是青田石中的名贵品种，
明代学者屠隆著的《考槃余事》
就认为："青田石中有洁莹如玉，
照之若灯辉，谓之灯光石，今顿
踊贵，价重于玉。"

青田灯光冻原石

青田封门五彩原石

青田封门三彩石

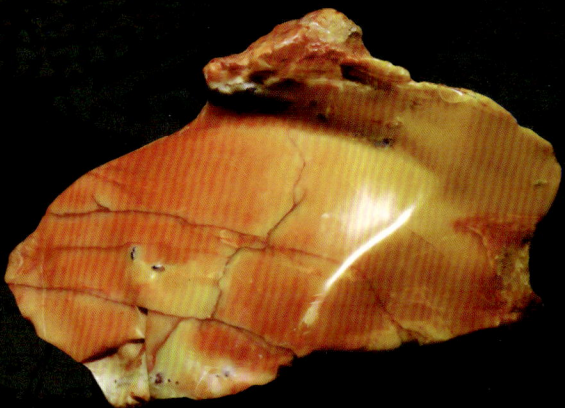

青田封门桃花红原石

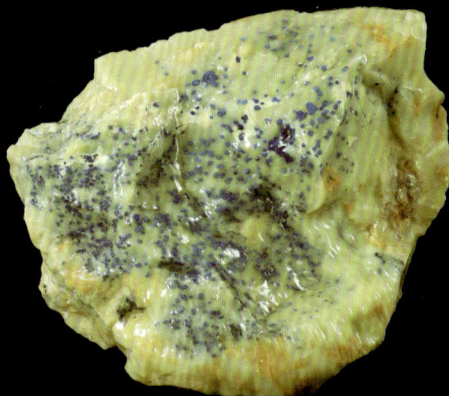

青田封门蓝星原石

高风亮节·青田封门青石

尺　　寸　57厘米×80厘米×30厘米

鉴石要点　镂雕细腻，布局有序，如中国画一般"密
不透风，疏可跑马"，密的地方连风也透
不过去，疏的地方可以让马驰骋。

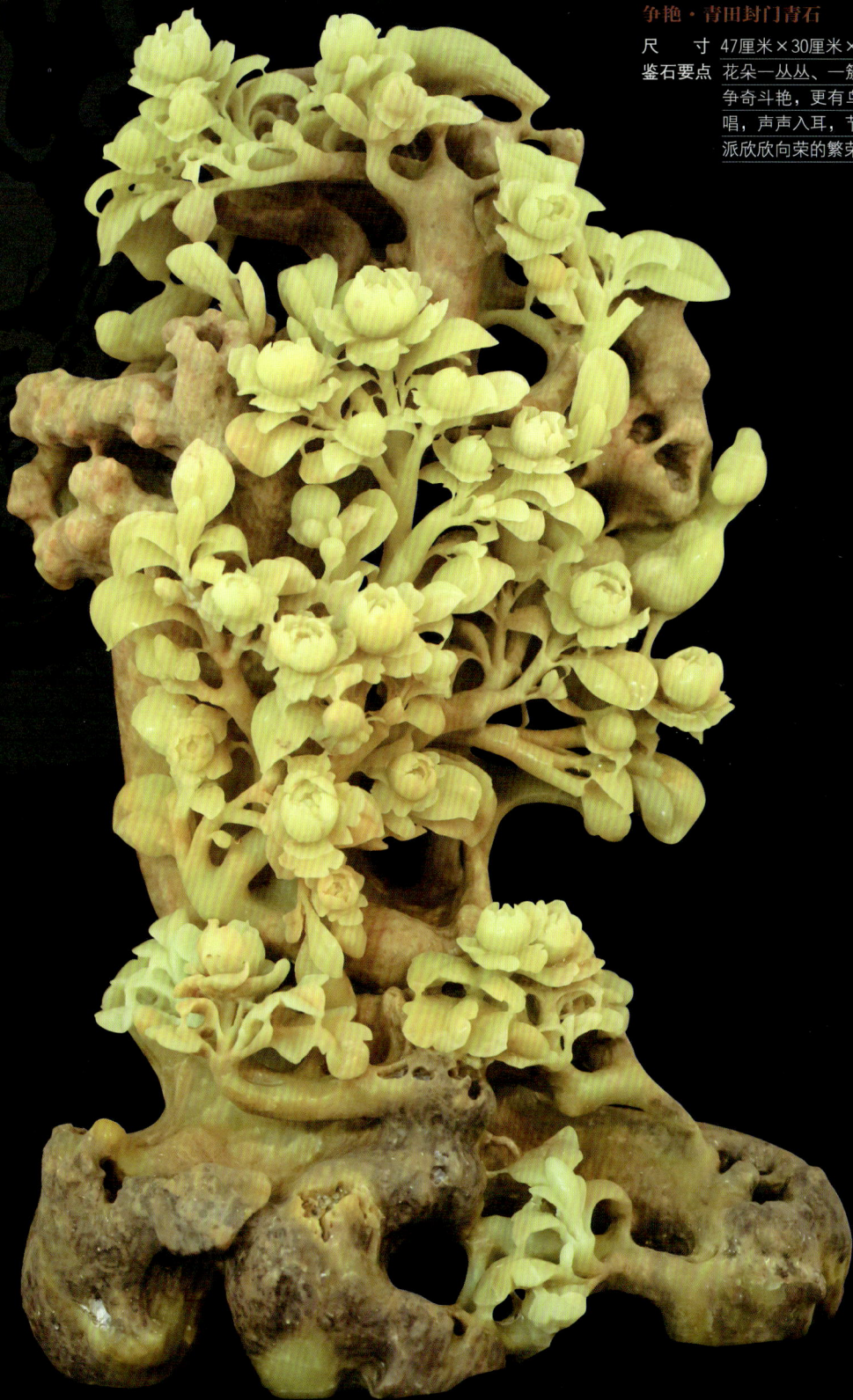

争艳·青田封门青石

尺　　寸 47厘米×30厘米×17厘米

鉴石要点 花朵一丛丛、一簇簇在山石上
争奇斗艳，更有鸟儿在枝头鸣
唱，声声入耳，节节入怀，一
派欣欣向荣的繁荣景象。

螭虎钮章 · 青田封门青石
尺　　寸　2.5厘米×2.5厘米×10厘米

猴子·摘桃·青田封门青石

尺　寸　40厘米×49厘米×23厘米

鉴石要点　作品采用圆雕、镂雕等技法,雕刻群猴摘桃的场面,猴子的表情生动有趣,毛发根根可见,每只猴子均翘首张望,仿佛是在呼唤同伴一起来分享果实。

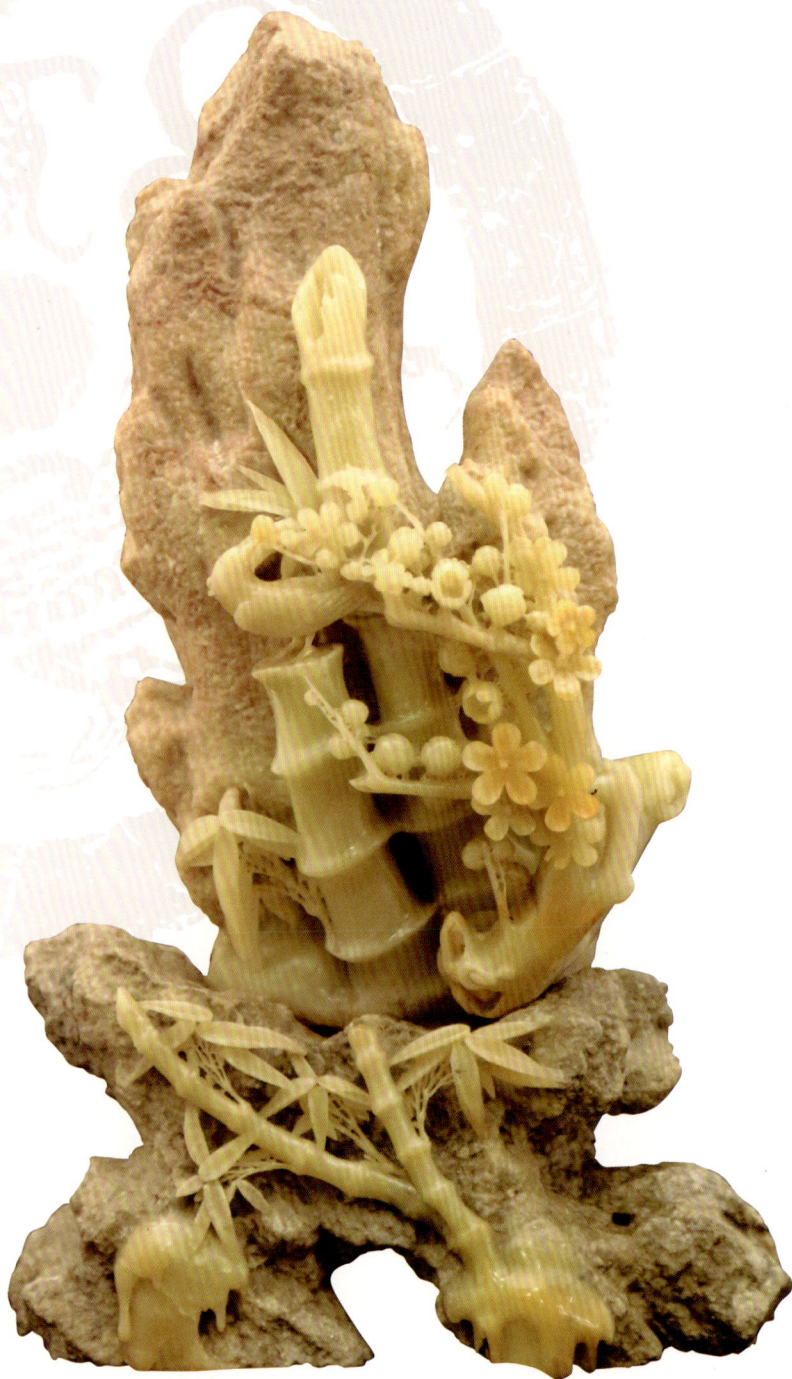

三益之友·青田封门青石

尺　寸　31厘米×19厘米×9厘米

鉴石要点　梅花盛开，竹节苍劲，山石危立，竹依山生，梅壮
　　　　　竹威，正如苏东坡所说的："梅寒而秀，竹瘦而
　　　　　寿，石丑而文，是三益之友。"

玉堂富贵（海棠果）·青田封门青石

尺　寸　29厘米×30厘米×13厘米

鉴石要点　"嫣然一笑竹篱间，桃李满仙总粗俗……朱唇得酒晕生脸，翠袖卷纱红映肉。"海棠花有"花中神仙"之誉，"棠"与"堂"谐音，故寓意"玉堂富贵"、"满堂平安"。

锦绣山河·青田封门黄金耀石

尺　　寸　27厘米×46厘米×19厘米

鉴石要点　色彩明艳，雕刻细腻，山势挺
　　　　　拔、松柏繁茂、楼宇轩昂，作品
　　　　　形态大方，内容充实，虚实相
　　　　　生，寓意"锦绣山河"。

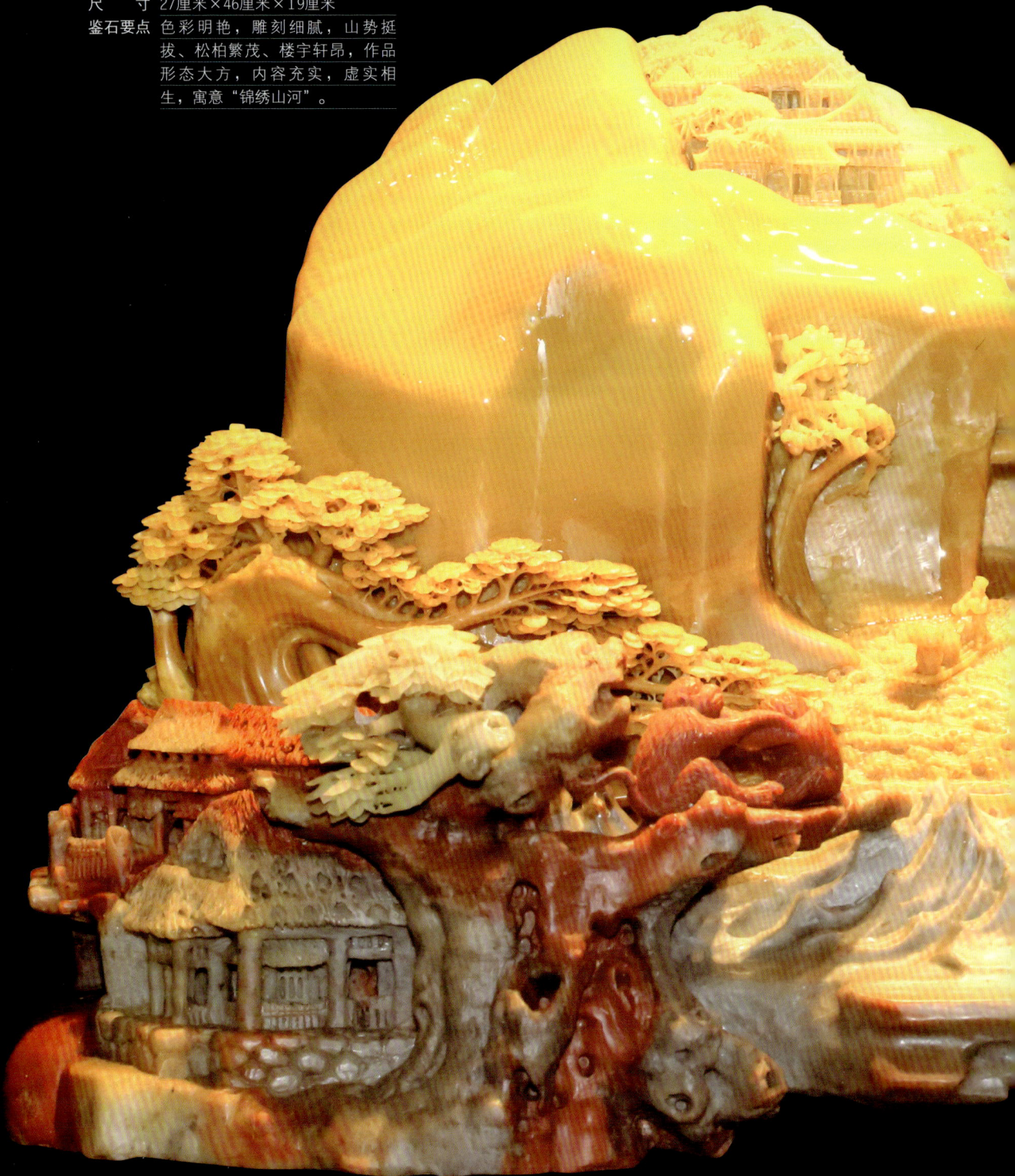

四季平安·青田封门黄金耀石

尺　　寸　45厘米×2厘米×15厘米

鉴石要点　作品明快生动，质朴大方，雕刻的果实饱满结实，色泽均匀，且质地细腻，让人垂涎欲滴，寓意"四季平安"。

山高水长·青田封门蓝带石

尺　　寸　38厘米×35厘米×22厘米

鉴石要点　悬崖峭壁上树木茂盛葱郁，亭塔掩映
间看似无路可走实则峰回路转。整个
作品构思巧妙，内容充实，一派诗情
画意。

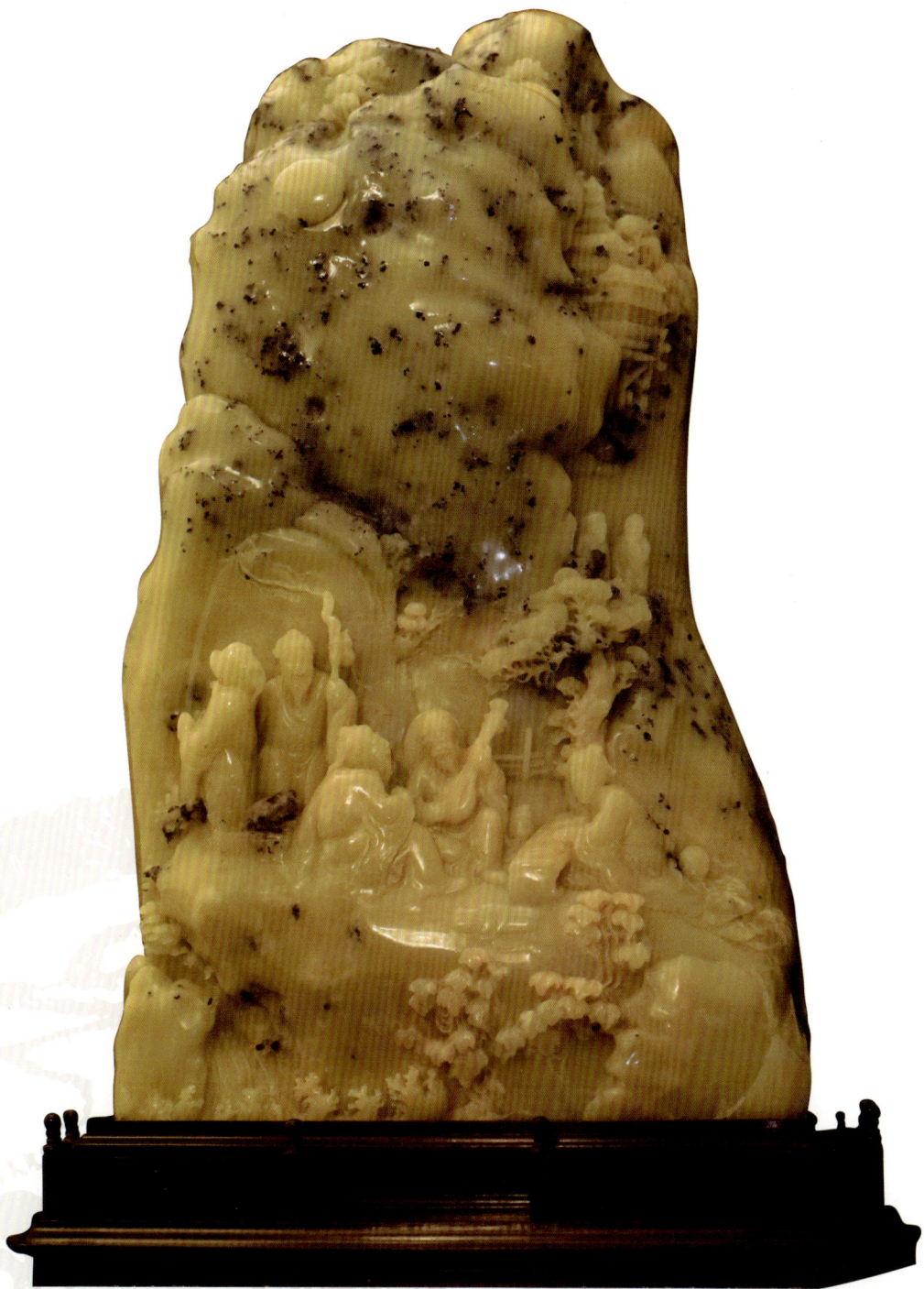

深山访友·青田封门蓝星石

尺　寸　37厘米×22厘米×16厘米

鉴石要点　石质细腻，油润的地子上布满星星点
点的蓝色，雕刻深山访友题材，人物
刻画生动，神情各异，整个石材干净
通透，画意十足。

加官进爵·青田封门蓝带石

尺　　寸　30厘米×38厘米

气吞山河·青田封门蓝钉石

尺　　寸　37厘米×45厘米×16厘米

鉴石要点　一只斑斓猛虎雄踞在山崖边，气
势威猛，火焰一般的目光直视前
方，嘴巴大张，露出了咬断一切
的牙齿，身形矫健，尾巴粗壮，
有一股气吞山河的豪迈。

青田尧士金玉冻原石

尧士石

尧士石因主要产在方山溪北边的尧士山上而得名，与封门洞隔溪相望。

尧士石的特点

尧士山矿段出产的石料质地坚实而稍粗，主要矿物组成为叶蜡石，次要矿物为绢云母、叶绿泥石、高岭石、刚玉、黄铁矿和红柱石等，性"老"，多呈黄、棕、黑、赭等颜色，也有少数为白、青色，外表的光泽感虽然不如其他矿区出产的石料，但其白色料中常夹杂有红色或黄色片层，片层的颜色薄厚均匀、疏密有致，用刀具横切开就好似一条条的纹路，赏心悦目美观别致。

尧士石的品类

尧士石按照颜色、质地可细分为：南光青、金玉冻、夹青冻、猪油冻、秋葵、蓝青田、豆沙冻、芝麻花冻、木板纹、苞米花、水藓花、橘红、笋壳花、千丝纹等。

青田尧士水草原石

青田猪油冻原石

青田尧士紫檀冻原石

尧士石的品类及质地特点

石种	质地特点
南光青	南光青因产于尧士山的南光洞而得名，石头的外观呈青色，纯洁明净，微透明，质地细腻，性坚韧，纹理中常含有白色斑点。
金玉冻	又名"金玉良缘"，是青田冻石中的名品，颜色多为黄、青两色，色间过渡自然，石质细腻温润，近年来引起赏石界收藏家的追捧，成为市场上的热门石种，价格不断走高。
夹青冻	石色多呈青色，夹生于灰青色的粗硬石料中，因此得名，石头的质地温润细腻，微透明，多呈块状或层状。
猪油冻	石色白色偏黄，微冻，质细性脆，富有油腻感，看起来就好像猪油一样，因此得名。
秋葵	色如秋日里朝阳下向日葵的花冠，黄中泛青，鲜艳明媚，半透明状，石质温润、细腻、纯净，稍坚硬，属于青田石中的上品。除了尧士矿区出产秋葵外，此类石种也在旦洪矿区出产。
黄青田	又称青田黄，黄色深浅不一，石头的质地稍粗，此类石头在这一矿段较为常见，出产量大，价格不高。
豆沙冻	石色呈深紫红色，就好像煮熟的红豆，质地细腻，外表纯洁没有瑕疵，硬度较低，无裂纹，光泽好。
芝麻花冻	色呈青白色，石头的肌理含有细密的小黑点，看起来就好像撒了一层芝麻，因此得名。质地细腻，不透明，无大块。
木板纹	色呈灰黄色或紫酱色，上有深浅不一就好像木板纹一样的线纹，线条自然流畅，偶有微小的白点、冻点分布在肌理上面。
苞米花	色呈青白色、浅黄色，冻地，石质细腻，上有黑色花纹和白色斑点，形色就好像炸过的苞米一般，因此得名。产量较少。
水藓花	因其纹理如水草，故又名"水草"。此类石头属于青田石中的名贵品种，质地温润如玉，在青白色的石料上有稀疏的水藓花漂浮其上，就好像一幅简单勾勒的水墨画，让原本无生命的石头增添了无限生机。
橘红	颜色黄中透红，就好像橘子的花瓣一般，质地细腻光洁，是青田石中的上品，大块的较为少见。
笋壳花	土黄色的石料上分布有黑色的花瓣，就好像山中的笋壳一般，因此得名。此类石头大多质地比较坚硬粗糙，产量较大，不容易雕刻。
干丝纹	又称千层纹，在青黄色石料上有紫红色与白色相间的条纹层层叠叠平行排列，质地较为坚硬，主要成分是叶蜡石和石英。

旦洪石

旦洪石是指产于山口村南约2千米处灵溪左边旦洪矿区的青田石，这里的石头产量高且色彩丰富，常见的颜色为红色、青色和黄色等，主要矿物成分是叶蜡石，大多石质较佳，可产出灯光冻等佳品。洪旦石的外观、光泽和透明度大多与封门石相似，但其内部的次要矿物不如封门石的丰富，色泽不如封门石艳丽，但极少见脆裂现象。

祥龙献瑞·青田旦洪红花青石

尺　寸　30厘米×30厘米

鉴石要点　作品利用石材的不同颜色，采用精湛的镂雕技艺，俏色巧雕，雕盘龙、如意、祥云等，造型繁杂华美，寓意吉祥。

旦洪石的开采

旦洪石的开采时间较早，据清代山口镇的《林氏宗谱》记载："上自鲤鱼奇崖壁中为先期官府所开，为官洪洞，其石最美。前面溪旁从白泥中按气而求，开成新洞，新旧相错，采出白石，质不甚坚顽，除锯为印章外，可以雕琢杂物者在此。"旦洪矿区的开采点比较多，包括官洪洞、禁猪洪、大塘、嫩蜂湾、风箱洞、羊栏坑等，产量巨大，品种丰富。

旦洪石的品类

旦洪石按颜色、质地可详细分为：官洪冻、兰花青、麦青、雨伞撑、相子白、蜜蜡冻、夹板黄、黄皮、石榴红、红花青、乌紫岩、五彩冻、满天星、紫檀纹、松花冻、松皮冻等，其中品种上佳的有官洪冻、蜜腊冻、五彩冻等。

旦洪石的品类及质地特点

品种	质地特点
官洪冻	官洪冻出产于旦洪矿区的官洪洞，因此得名。官洪洞的开采历史最早可追溯到元代时期，当时的开采由官方主导，不允许民间进入，由于经过长期开采，这里出产了不少上好的石头，因此名声大振。官洪冻也属于青田石中的名贵品种，石色呈青色微黄，石质温润细嫩，冻状，外观莹洁剔透，凝润光滑，微透明。
兰花青	墨绿色的花斑散布在青色冻地上，就好像一幅水墨画一般；浓淡相宜的水墨泼洒泛青的在宣纸上，似"花中君子"的兰花美观淡雅。石质较为细腻温润，呈微透明状，该石多产于大塘一带。
麦青	石色呈青色微带灰白，就好像刚刚出穗的小麦，质地清脆结实，不透明，有的含有浅色花纹。
雨伞撑	外形就好像是一把撑开的雨伞，因此得名。颜色呈青色中略带灰白，质地坚韧，冻状，不透明，石质一般，硬度较高不容易雕琢。
相子白	石色纯白洁净，质地细腻，性脆软，结实、不透明，肌理偶有冻点或冻线。该石主要产于官洪、白蝉、老鼠坪及尧士矿区一带。
蜜蜡冻	石头的颜色黄似蜜蜡，冻状，外表具有蜡状光泽，质地细腻光洁。
夹板黄	石头的颜色呈一层一层的浅黄色，就好像木料中的胶合板一样，所以得名夹板黄，该石质地细腻洁净，不透明。
黄皮	在青色或褐色石料的外层有一棕黄色皮壳，这是因为石料外层长期受含铁质的水液渗染所致，石质较粗，不透明。
石榴红	又名红花冻石，石头的颜色呈红色，间有青色、黄色斑块，就好像石榴皮一样，质地细腻，不容易风化，有的虽然含有砂粒，但雕刻起来容易奏刀，属于青田石中的佳品。该石主要产出于官洪、禁猪洪等洞中。
红花青	在青白色的石料地子上含有红色斑点或斑块，质地粗糙，不透明，此类石头经火烧后可变得细腻，光泽强烈。
乌紫岩	石色呈黑色微带紫色调，石头的质地一般，结实少裂纹，肌理隐有疏朗微细的白色花点。
五彩冻	又称"五色青田"，在黑色石料上具有红、紫、绿、黄、白等色块，色彩不但绚丽多姿，而且石质较为细腻温润，不易风化，属于青田石中的上品，极为难得。
满天星	在褐色石料底上布满了白色的小圆点，就好像暗夜中的星光一般耀眼璀璨，充满想象力，质地细腻光洁。
紫檀纹	外观呈紫檀木一样的颜色，石上不均匀地布有黄灰色条纹，条纹相互平行，色调古雅，裂纹比较少。
松花冻	呈青色冻地，肌理中含有各种花纹斑点，就好像松花或花生壳的花纹一样，质地细腻温润。
松皮冻	黄色、淡青色的椭圆形斑点，散布在青黑色的地子上，酷似松树皮，因此得名。石质坚脆、结实、少裂纹。

青田旦洪红花冻石

骏马奔腾·青田旦洪红花石
尺　　寸　17厘米×17厘米×8厘米

金玉满堂·青田旦洪红花石

尺　寸　20厘米×25厘米×14厘米

鉴石要点　水草、贝壳和翻卷的细浪相
　　　　　依，犹如一尊聚宝盆，盆上是
　　　　　几条正在自由游弋的金鱼，线
　　　　　条流畅，栩栩如生，寓意"金
　　　　　玉满堂"。

和风细柳·青田旦洪红花石

尺　寸　26厘米×43厘米×20厘米

鉴石要点　小桥流水、和风细柳，眼
　　　　　前的楼阁在茂密的松林
　　　　　间若隐若现，一老者领
　　　　　着一小童信步而来，若
　　　　　访友或外出归来，让人
　　　　　充满想象。

龙钮印章·青田旦洪红花石
尺　　寸　2.4厘米×2.4厘米×9厘米

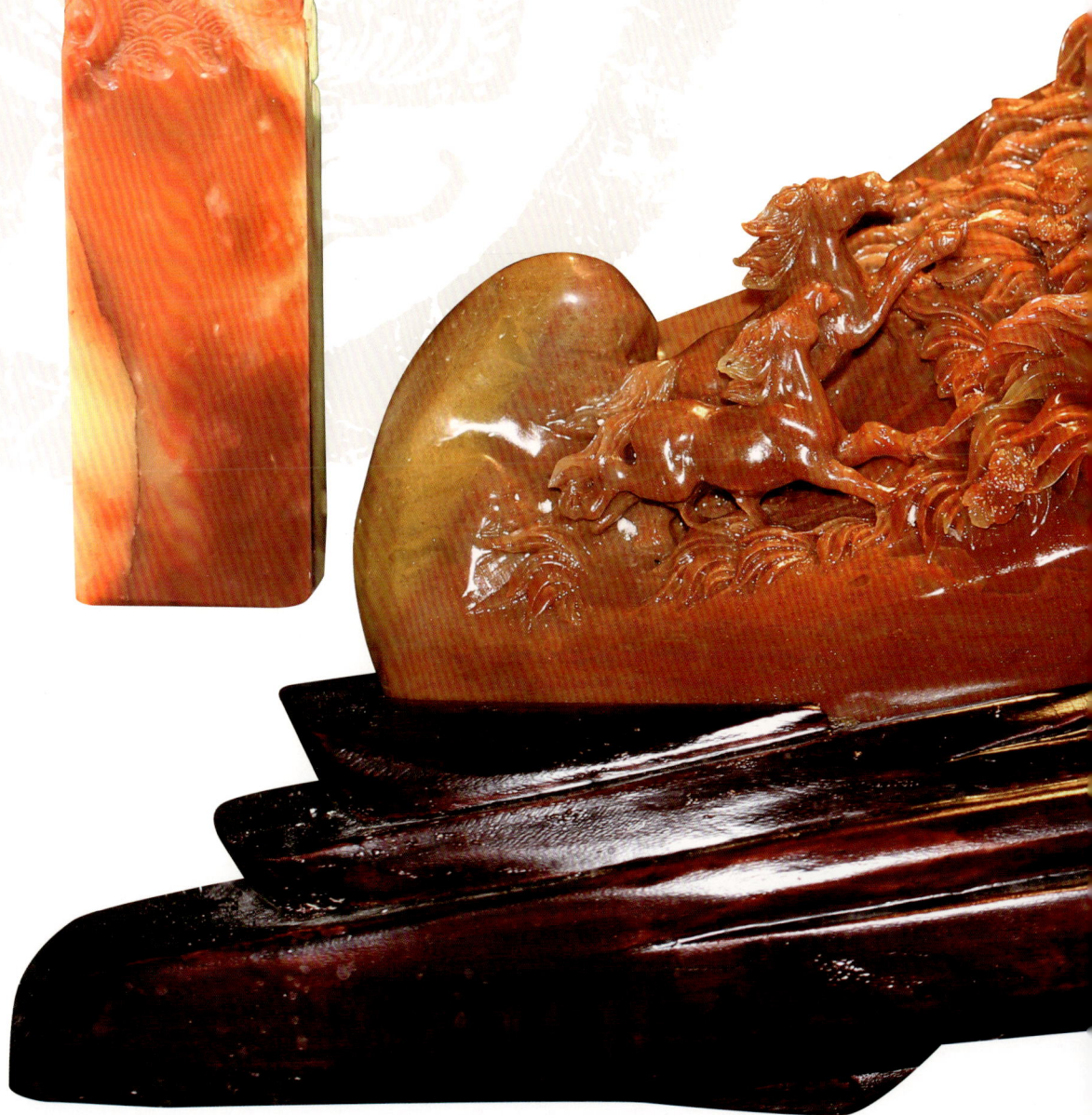

八骏图·青田旦洪红花青石

尺　寸　50厘米×20厘米×40厘米

鉴石要点　八匹马奔腾驰骋，桀骜不驯，自由奔放，观之令人惊心动魄，在写实之中充满了浪漫主义的风格。

白垟石

产于山口镇之南6千米处的白垟矿区，出产的石料颜色多呈青白、微黄色，具有黑纹、棕红纹，石头的主要矿物组成为地开石和叶蜡石混合型，以地开石为主，次要矿物为叶绿泥石。石质较为坚硬，可含蓝钉、蓝星、蓝带等。白垟石按颜色、质地可详细分为：白垟夹板冻、麻袋冻、煨红、煨黑、芥菜绿、苦麻青、黑皮、虎斑青田、头绳缕、青蛙子、靛青花、云彩花、冰花冻等。

青田白垟木纹原石

白垟石的品类及质地特点

品种	质地特点
白垟夹板冻	在灰黑色或深色石料中夹有一层或三四层的青色、黄色冻石，石头的质地晶莹通透，微透明，硬度适中，可进行俏色雕刻。
麻袋冻	深黄色石料，肌理布满浅黄色的斑点，就好像装东西的麻袋一般。质地细润温嫩，微透明，属于青田石中的上品。
煨红	黄色石料经火煅烧后可变成红色，因此得名煨红。青田石由于名贵，除非造假，否则一般是不用火煅烧的，煨红之所以要刻意用火烧，可能是由于此类石头夹杂在其他的岩石中，古人在开采的时候先将整个矿石用火烧热，之后在灼热的石头上用冷水浇，根据热胀冷缩的原理，不同质地的石头就会分离开来。此类石头大多数质地粗糙，性坚硬，容易崩裂，以质地细腻纯净者为佳品。
煨黑	在青白色的石料上加入油类等有机物质用火煅烧后可变成黑色，石质变得坚脆。煨黑的开采方式与煨红类似，应该也是先用火烧，之后浇上冷水与其他岩石分离。
芥菜绿	颜色呈青绿色，质地晶莹，温润如玉，纯净光洁，透明度较高，石性稳定，属于青田石中的上品，较为难得。
苦麻青	石色呈灰绿色或深绿色，色彩较为匀净，肌理隐见深色细点，石质较为粗糙，属于较为常见的石料。
黑皮	在质地为青、黄、白色的石料上布有一层几毫米厚的黑色石料，这种黑色黝黑纯净显得非常鲜明，石质细腻柔软、结实、不透明。
虎斑青田	又称老虎石，石头的地子呈黄棕、浅黄色，上面有黑色、棕色、红棕色的虎皮状斑纹，石质较为粗糙，一般作为普通印章石料。
头绳缕	石色有白、红、黄等色，在深紫檀色石料中有明显的白色平行线纹，称白头绳缕；在青白色石料中，有红色平行线纹者称红头绳缕；有黄色平行线纹者称黄头绳缕。石质较为粗糙，结实少裂。
青蛙子	青色冻地，石质细润，肌理隐有团块状密集细小的白点，就好像青蛙的卵子一样，有的白点含有硬钉，不容易雕刻。
靛青花	石头的地子呈青灰色，上面有青绿色的花斑，质地粗糙、不晶莹，石料一般。
云彩花	青色的石料上有黑、白、黄三色相间分布，形成一团一团的花纹，石质较为粗糙，石料一般。
冰花冻	石头的颜色青色微黄，似冰如冻，可清晰看见内含的白色斑纹，石质细润，产量较为少见，所以比较难得。

老鼠坪石

青田老鼠坪木纹原石

老鼠坪位于青田县方山乡根头村西面约4千米处的群山中，因为古代山中开采青田石挖掘的"老鼠洞"较多而得名。老鼠坪出产的石头有丰富的色彩，石头的质地细腻结实，光泽较好。老鼠坪矿区所产出石头数量较少，大材料难得，其质地和山口其他矿区的颇为相近，此外还产有青白石、黄皮、黄青田、蓝钉、蓝星、蓝带、紫檀花等。老鼠坪石按颜色、质地可详细分为：老鼠坪冻、老鼠坪白、金星青田、柏子白花、猪肝红、红皮等。

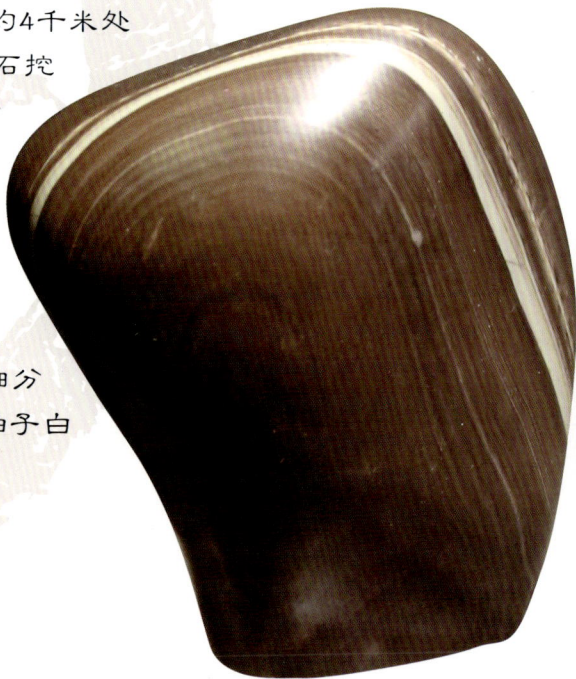

老鼠坪石的品类及质地特点

石种	质地特点
老鼠坪冻	青色冻石常呈层状粘连于黑色的石料上，色层厚度1厘米左右。此外，也偶见有黄、红、白及数色相间的冻石。该石色泽清丽，质地较为细腻结实，透明度高。
老鼠坪白	颜色呈纯净的白色，质地温润细腻，性脆软，结实，透明度不高。
金星青田	青色的石料上布满金黄色的星状斑点，实际上金星是一种黄铁矿细粒或晶体，质地较为粗糙，大多数呈块状，结实少裂纹，石头的颜色呈青绿者称金星绿。
柏子白花	在青色的石料上，分布着白色斑纹或者斑点，质地细腻，不透明。
猪肝红	石头的颜色暗红深沉，无明显的斑块花点，石质大多纯净温润，不透明，结实，少裂纹。
红皮	有一薄层红色裹在青色的石料外面，石头的表皮一般呈深褐色，质地较为粗糙，石质一般。

岭头石

岭头位于青田县城西北方向25千米处，行政区划上隶属于北山区的双垟乡。因地处仁村岭的顶部，村又设在岭的顶端因而得名。1981年，将其改称为"岭峰"。相传早在清代之前，这里的青田石就已经被开采，山上主要有山羊洞、南黄洞、水洞、三条洞、耳朵腮洞等数十个矿洞。岭头石的石质大多都比较粗松，光泽较差。唯独以水洞所产的石头较好，色质俱佳。按质地、颜色可详细分为：岭头青、岭头白、岭头黄、岭头红、何幽石、紫线纹、岭头三彩、墨青等。

青田岭头三彩原石

岭头石的品类及质地特点

石种	质地特点
岭头青	石头的颜色大多呈灰暗的青色，质地较为粗糙，外观呈土状光泽，含有少量的细砂，少裂纹。
岭头白	石头的颜色呈白中泛灰，石质比较粗松，不晶莹，性韧，少裂纹，光泽度不强。
岭头黄	颜色呈浅黄、中黄、焦黄等色，石质较粗糙，多细砂，缺少光泽，主要成分是叶蜡石和石英。
岭头红	呈红偏紫色，肌理隐有细小深色斑点，质地结实不透明，性软而脆。
何幽石	因产于何幽一带，因此得名，石头的外观呈猪肝色，肌理隐有黑点，质地粗糙，多含有细砂，缺少光泽。
紫线纹	土黄色的地子上布有数条环形紫色纹线，内部细砂较多，所以石头的质地较为粗糙，透明度不高，光泽一般。
岭头三彩	黑、白、棕等数色呈环状或层状不均匀地排列，肌理中隐有细密的纹理，石质细腻温润，透明度不高。
墨青	颜色呈黑中略带青灰，有的深有的较浅，石头的肌理中隐有浅色的斑点，质地粗糙，多含有细砂，缺少光泽。

季山石

季山位于青田县双洋乡西南面的4千米处，因地处山谷，四面环山，居住于此的祖先姓季而得名。季山矿区范围广阔，其主要的矿山有周村的龙顶尖，季山的季山头、门前山。季山石以紫色凝灰岩者居多，石色有红、黄、白等，质地较佳。按质地、产出特征可详细分为：竹叶青、季山夹板冻、周村黄、红木冻、龙眼冻、豌豆冻、葡萄冻、龙蛋等。

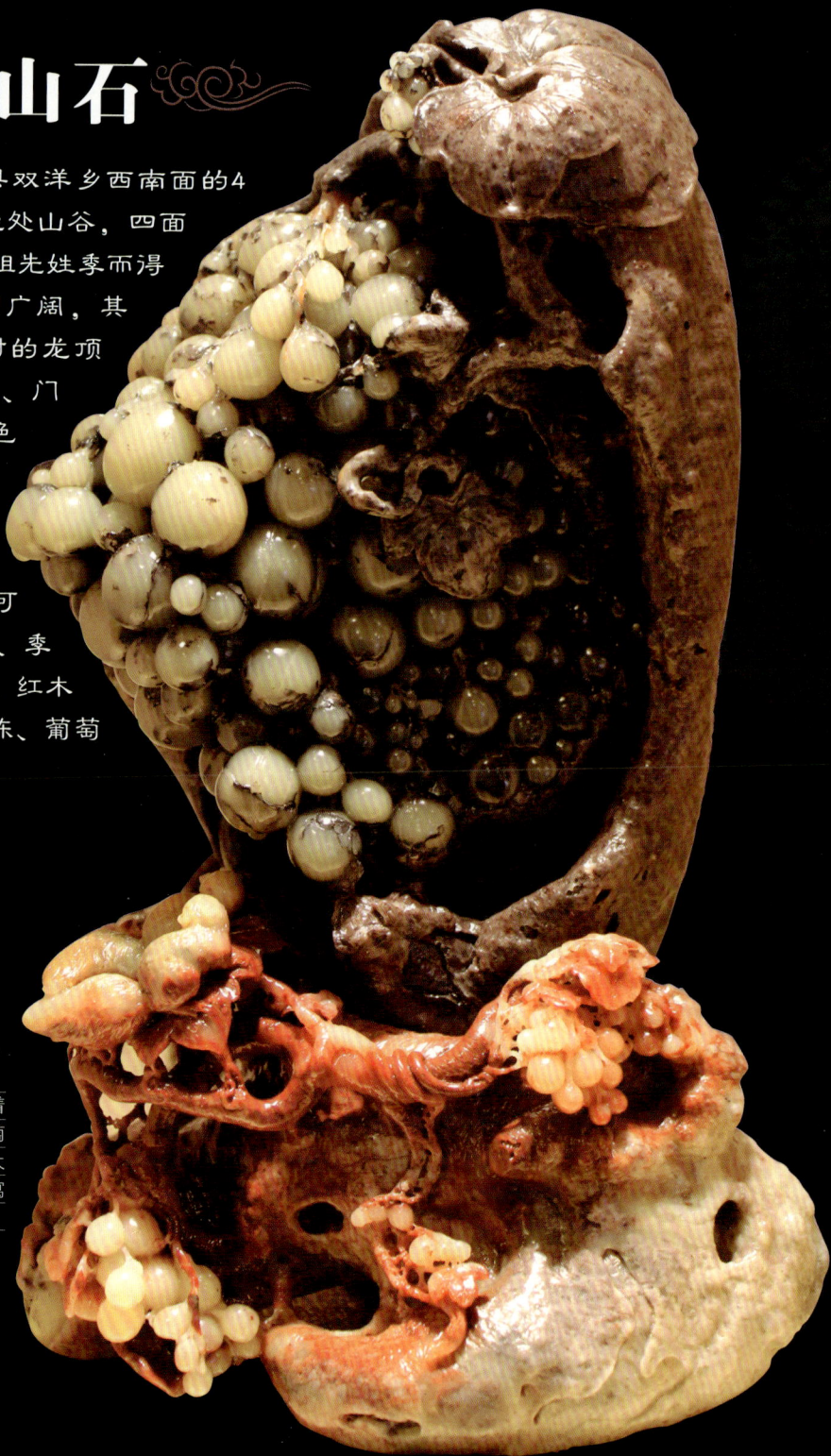

多子多福·青田季山龙蛋石

尺　寸　29厘米×17厘米

鉴赏要点　灰黑的皮色内部包裹着细腻温润的内核，葡萄籽在里面蓬勃生长，大小交错，密密麻麻，寓意"多子多福"。

古色古香·青田季山龙蛋石

尺　寸　38厘米×24厘米

鉴赏要点　一座砖瓦结构的房屋依树而
建，碧瓦飞檐，古树下的石桌
上放着一坛陈年老酒，整个作
品古色古香，韵味十足。

龙凤呈祥·青田季山龙蛋石

尺　寸　26厘米×17厘米

奇峰润宝·青田季山龙蛋石

尺　寸　30厘米×42厘米

飞龙在天·青田季山龙蛋石

尺　寸　23厘米×18厘米×13厘米

鉴石要点　在黑色的石皮上雕刻云龙
造型，瞋目露齿，不怒而
威，龙形虬曲，肌骨饱
满，纹饰流丽，利爪踞
地，孔武有力。

季山石的品类及质地特点

石种	质地特点
竹叶青	又称"竹叶冻"或"周青冻"，石色为青中泛绿，透明纯净，质地细腻，有细小白点隐见于肌理间，多与粗硬紫岩相伴生。该石多产于周村尖西一带，其中石色质地纯净且块大者极为难得，所以十分珍贵。
季山夹板冻	在紫色岩石中央有一层厚1~2毫米的青白色冻石，石质细腻温润，透明度一般。
周村黄	石头的颜色呈黄色，质地较为纯净细腻，有较好的光泽，大块者较少见，因主要产于周村一带，故得名周村黄。
红木冻	外观呈红木一样的颜色，石上有时布有青白色条状的冻石，质地细腻温润，产量较少，属于青田石中的名贵品种。
龙眼冻	又称"圆眼冻"，在深紫色石料上多有桂圆状的青色、浅黄色冻石，石质纯洁无瑕疵，温润光洁。
豌豆冻	深黑色的地子上布有青白色蚕豆状的冻石，肌理隐有白色斑点，石质脆软有细砂，主要产于周村一带。
葡萄冻	质地呈深紫色，上面布有圆形青白色的冻点，形状就好像一颗颗的葡萄粒，石质细腻温润，主要出产于季山、周村一带。
龙蛋	俗称岩卵，外形像鸡蛋一样，大小不一。一层薄薄的紫棕色"蛋壳"，裹生着不同颜色的冻石"蛋黄"，外壳有硬有软。龙蛋石"蛋黄"部分常常为淡黄、淡青色，石质细腻如玉，极为温润，特别纯洁，就好像被外面的"蛋壳"特意保护，特意将精华部分都浓缩在"蛋黄"中一样。龙蛋产自周村，多堆积于高山坡积层或蕴于地表孤岩中，采石者无"气头"可循，从山脚上逐层搜掘，或劈石取"蛋"，所以十分难得。

吉祥如意·青田季山龙蛋石
尺　寸　27厘米×25厘米

金色希望·青田红木石

尺　　寸　29厘米×27厘米×15厘米

鉴石要点　花叶繁茂，南瓜温润透红，果肉香甜，小鸟停留在藤蔓上面，似乎也想来啄取这种香甜，整个作品呈现出一片丰收的祥和之气，表达了作者对生活的热爱。

鹤立潮头·青田红木石

尺　寸　22厘米×28厘米×12厘米

鉴石要点　一群仙鹤在山顶嬉戏，旁边祥云缭绕，瑞气千条。鹤立潮头又名"一品当朝"，是传统的吉祥题材，寓意"事业高升、功成名就"。

四季平安·青田红木石

尺　寸　28厘米×14厘米×11厘米

鉴石要点　整个作品的造型就好像一尊由瓷窑烧制而成的花瓶，颜色独特，构思巧妙，充满了后现代的艺术气质。

塘古石

塘古位于青田县城东南方25千米处，属于山口区的吴岸乡，地处半山腰的山弯里。此地早年有一口塘，村民围塘而居，所以取名为"塘浒"，塘浒又称"道居"、"唐古"，今名"塘古"。塘古村旁的后山是青田石的主要产地，这里的石头颜色大多呈全青或全黄色，石头的主要矿物成分为叶蜡石，次要矿物成分为绢云母，石头的质地温软细腻，光泽晶莹，砂丁较少，多用于印章的雕刻。按颜色、质地可详细分为：塘古白冻、塘古黄冻、塘古黄白冻。

塘古石的品类及质地特点

品种	质地特点
塘古白冻	颜色呈白色，质地温润细腻，硬度较低，容易奏刀，常被黑色的"龟壳"硬石所包裹，冻状，大块者较少见。
塘古黄冻	颜色丰富，有的像枇杷一样，还有的似炒熟的栗子，还有的似橘子的外皮，大多鲜艳透明，纯洁无瑕疵，温润细腻，与寿山石中的田黄石相似，特别珍贵难得。
塘古黄白冻	质纯洁无瑕，黄似田黄，白如封门冻石，黄、白冻石常相伴而生，颜色之间过渡自然，大块者较为难得。

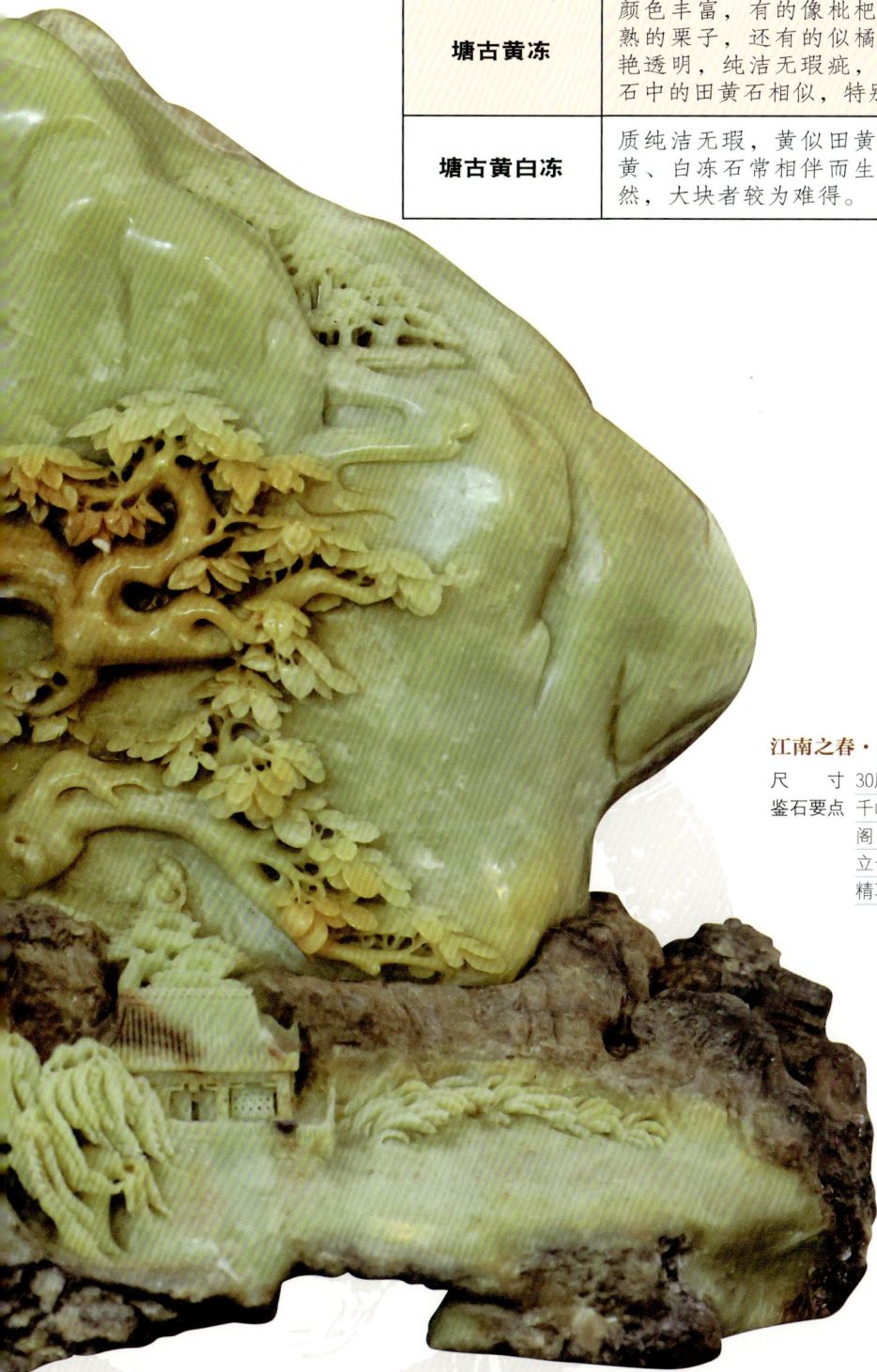

江南之春·青田溏古冻石

尺　寸　30厘米×41厘米×17厘米

鉴石要点　千峰万壑、奇岩怪石、亭台楼阁，盘结于危崖峭壁之上，挺立于险峰绝壑之中，作品造型精巧，气势不凡。

武池石

位于青田县城西北方向30千米处，因其村南的文武庙前有一口池塘，因此而得名"武池"。武池作为青田石瓯江之左的唯一产地，与江右之石相比，由于地质构造的差异导致其在外观与质地上均有很大的不同。大多数武池石有黑色的外皮，石头的内部多含有筋裂，外观多与福建的寿山石有些相似，但质地却是典型的青田石，可以说该类石头有"寿山石的肉，青田石的骨"。武池石按照颜色、质地可详细分为：武池白、武池白冻、武池红、武池粉、武池黑、武池灰、武池花等。

武池石的品类及质地特点

石种	质地特点
武池白冻	颜色发白就好像白色的蜡烛一样，呈冻状，质地细腻晶莹，性脆软，透明度较高，大块者较为少见。
武池白	石色呈白色中略带粉色，石质较为细腻松软、结实不透明，多有细裂，偶有冻质花纹隐现于肌理中。
武池红	石色呈深红色，石质细洁纯净，微透明，多有白色花斑冻点隐现于肌理中。
武池粉	石色呈粉红色，石质细腻光洁，肌理间多含有浅色波纹。
武池黑	石色呈浓黑色，石头的质地细腻光洁，微透明，内部有不均匀的红筋分布。
武池灰	石色呈灰白色或灰褐色，质细光洁，肌理隐杂点和黑筋，性脆，产量较大。
武池花	黑、棕、白等数色呈环状或层状排列，肌理有细纹，色彩明朗，石质细腻温润，硬度适中，容易奏刀。

北山晶

北山晶出产在浙江省青田县北山镇境内,因为石质凝冻透明,近似结晶体,又出自北山镇,当地人习惯上称这种石料为北山晶。北山晶质地细腻,莹洁温润,极为透明,是别具一格的青田"软宝石"。其颜色也很丰富,常有白色、浅紫、淡黄绿、微青绿、藕粉冻,偶有蓝天冻、红色冻和鸡血石等品类。北山晶硬度适中,主要成分是地开石,是一种高贵稀有的制作印章和雕刻石材,因此,历来为收藏家所青睐。北山除了出产北山晶外,还有北山白、北山红等。

青田北山晶原石

山炮石

锦绣河山·青田山炮绿石

尺　寸　55厘米×52厘米×26厘米

山炮村位于汤垟乡，在乡政府所在地汤垟西南大约5千米处，地处海拔800多米的高山上。从汤垟到此经过3个山头，每个山头都如鼓起的气泡一样，因此得名"山炮"，村民惯用"山泡"称之。山炮矿区多出产山炮绿，这种石头的颜色呈翠绿色，就好像翡翠一般，具有褐黄色外皮，十分艳丽，又称翡翠青田。山炮绿的主要矿物组成为绢云母，次要矿物为黄铁矿和石英，质地细腻微冻，透明度较低，性坚而脆，具有丝绢光泽，肌理有许多白色麻点、黄色斑纹和硬砂块，多裂纹，纯净者难得。山炮绿也属于青田石的一个名贵品种，也是唯一纯绿色的石头，资源稀缺，精品有限。

奇峰翠色·青田山炮绿石

尺　　寸　40厘米×55厘米

风调雨顺·青田山炮绿石

尺　　寸　44厘米×43厘米

山中有琴音·青田山炮绿石

尺　　寸　56厘米×60厘米

崛起·青田山炮绿石

尺　寸　16厘米×33厘米×17厘米

鉴赏要点　在干枯的山石上，一簇簇青绿的嫩芽不畏环境的恶劣拔地而起，争先恐后，犹如"野火烧不尽，春风吹又生"一般，显示出了顽强的生命力。徐伟军雕刻。

巧辨山炮绿与西安绿、雅安绿、印度石

青田石中的"山炮绿石"色彩艳丽，质细丰润，有的肌理有较多白色麻点，产量很少，被收藏者视为珍品。由于产量越来越少，近年来，在陕西和四川新发掘出两种印章石新品种："西安绿石"和"雅安绿石"，其外观和质地由于与山炮绿相似，正受到藏石界越来越多人的关注，价格也跟着一路看涨。

西安绿

西安绿是一种产自西安的绿冻石，也有说法认为产自河南南阳。外表微绿或淡绿，灯光下观察色略浓，半透明或微透明，全透明者较少，摩氏硬度在3度左右，用一般硬物能在石上留痕，易于奏刀，一般用于刻制印章和摆件，产量较少，为篆刻者所珍视。与寿山、青田等印石相比，西安绿质地温润，不用油养。

雅安绿

继"西安绿石"之后，在四川省雅安市辖区前些年也发现了优质印章石新品种"雅安绿石"。"雅安绿石"，在当地也被称做"新绿"、"翡翠绿"等，质地坚实细腻，微透明或半透明。因常伴生黄褐色粗石，故纯净者难得，能成章料的更是非常稀少。有的"雅安绿石"中有"水草"，很有意趣。

雅安绿虽然属于掘性石，但没有掘性石的沉闷，其外观晶莹剔透、绿意盎然、内含有数片金箔似的物质，绿中含

江南春色·云南绿冻石

尺　　寸　20厘米×20厘米
鉴石要点　这种石材产于云南，石质细腻，颜色鲜艳，近年来作为一种新的雕刻石进入市场。

瓜瓞绵绵·云南绿石

尺　寸　30厘米×30厘米

鉴石要点　瓜与葫芦一样，具有圆实、结籽多
　　　　　和藤蔓绵长等特点，民间视瓜为吉
　　　　　祥物。大凡瓜与蔓藤类植物组成的
　　　　　纹样皆谓之"瓜瓞绵绵"。因瓞与
　　　　　蝶同音，故后人在为亲人庆生或祝
　　　　　贺子孙繁衍昌盛时往往以瓜和蝶纹
　　　　　样来寓意美好。

金，美不胜收。摩氏硬度3.0～3.5度，超过寿山石中最硬的旗降。

众所周知，玉料偏硬难以受刀，有一部分石头则偏软不易保存，质色超群的雅安绿弥补了二者的缺憾。

虽然雅安绿不敢挑战寿山石老大的地位，但不改其咄咄逼人的气质，一方绿章就能显赫一方。因为属金属伴生矿，且伴有黄砂、水草，雅安绿难有完整料。近年来，市场上出现数量繁多的雅安绿摆件，但这些摆件无一例外，皆是用一点绿肉做巧雕，不得不说是此石的一种遗憾。

雅安绿的主要产地是雅安市最南端的石棉县，按照具体产地和质地，雅安绿又可以分为白水河料和夹板料，白水河距离石棉县城50多千米，这里出产的雅安绿石质地细腻、颜色艳丽，是此中的上品。

而夹板料颜色偏深沉一些，大多附有灰黑色层状杂质和黄黑纹路，纯净度不高，石质没有白水河料的通灵，色系也有区别。另外，夹板绿性脆，易起片状层状裂缝，做雕件不易表现细微部分。在石棉县还有一个草科乡，那里出的石头颜色偏淡一些，不够浓艳，而且黄色的杂质多，当地人一般不把这个当做雅安绿，而是叫做草科料。

西安绿与雅安绿相比，其颜色偏墨绿，显得老成一些，而雅安绿颜色艳丽一些，两者的硬度和刀感差不多，通透度也差不多，西安绿石质中常常带白点，花生糕，白絮。雅安绿带有黑点、白点、白絮，水草，伴生矿，泥巴底，白岩底等特征。西安绿是红色的皮子，雅安绿是黄色的皮子。

枯木逢春·雅安绿石

尺　寸　7厘米×18厘米

鉴石要点　春天来了，万物复苏，连干枯的老树都焕发出鲜嫩的新芽，卖力地生长，不蔓不枝，不折不挠，挺拔向上。

破土而出·雅安绿石

尺　寸　35厘米×42厘米

鉴石要点　作品充分利用了石材的两种颜色，雕刻嫩芽破土而出的形象，静中有动，生命的气息扑面而来。

发财·西安绿石

尺　　寸　35厘米×50厘米

鉴石要点　石质艳丽通透，雕工精细，白菜的枝叶翻转卷曲，造型逼真。"菜"与"财"谐音，随身佩戴白菜挂件，寓意"财源滚滚"，厅堂摆设白菜摆件，顿生豪华气派。

骆驼·印度石

尺　　寸　60厘米×40厘米

鉴石要点　漫漫黄沙一望无际，骆驼以巨大的忍耐力与
　　　　　无往不前的探索精神穿沙而过，从遥远的西
　　　　　方到达东方，从丝绸之路，从茶马古道，成
　　　　　为连接东西方商业的主要纽带。

幸福家园·印度石

尺　　寸　70厘米×40厘米

鉴石要点　连片的屋宇面朝
　　　　　大海、背靠高
　　　　　山，在葱葱郁郁
　　　　　树木的掩映下更
　　　　　显得气度不凡，
　　　　　一块上风上水的
　　　　　宝地。

印度石

　　除了雅安石与西安绿外，随着青田石的稀少，还有人把寻石的目光投向了海外，其中印度产的叶蜡石就成为一些雕刻师选择的对象。印度叶蜡石的质地细腻，颜色主要呈红黄色，一些石头不论是颜色和质地都是雕刻摆件或者印章的上好材料，人们将这类石头按产地称之为"印度石"。

加官进爵·印度石

尺　寸　70厘米×50厘米

鉴石要点　一只雄鸡站在岩石上，造型逼真威猛，羽毛鲜亮，腿爪粗壮结实，特别是头顶的鸡冠鲜红娇艳，寓意"加官进爵"。

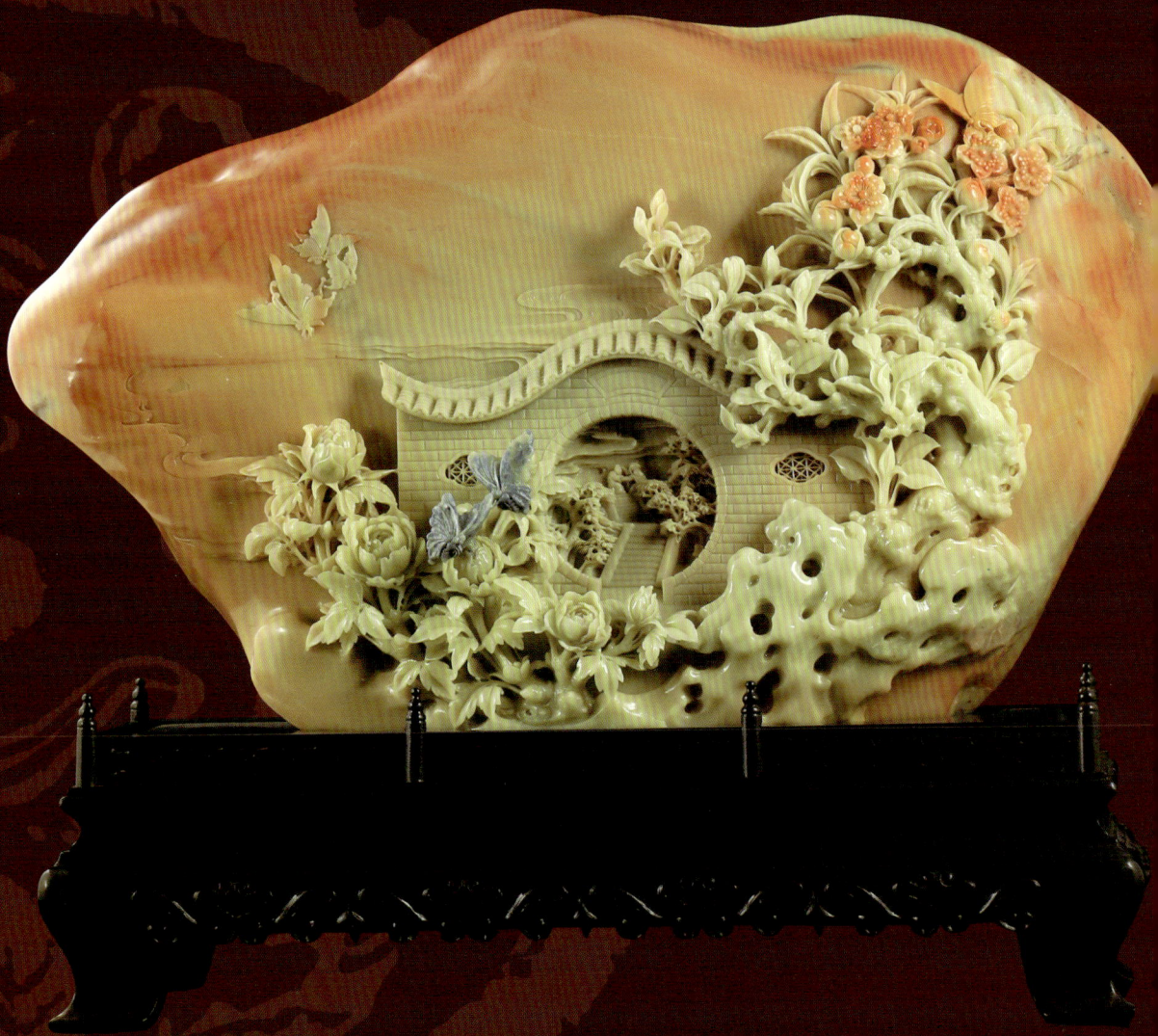

春色满园·青田封门三彩石

尺　　寸　40厘米×55厘米×21厘米

鉴石要点　高高的院墙在春天曙光的映射下，泛
起金黄。大地充满春意，桃花在这里
盛放，蝴蝶展示着优美的舞姿……满
园春色关不住，神州大地一片欣欣向
荣。徐伟军雕刻。

第三章

看专家选宝贝，

行家必买的青田石雕

青田石雕的发展历程

质地细腻、硬度适中、颜色艳丽……青田石诸多独有的特性使其成了雕刻传统工艺品以及印章的上好材料，青田石雕也因此与东阳木雕、乐清黄杨木雕并称为"浙江三雕"，青田县也因此被称为"中国石雕之乡"。文学家郭沫若赞其："鬼斧夺天工，人巧胜天然。"

六朝至宋代的青田石雕

如切如磋、如琢如磨，青田石雕今天的成就是经上千年积淀而成的。据史料记载，青田石雕工艺发端于六朝时期，现存于浙江博物馆的4只"卧猪"石雕，就是六朝时期雕制的青田石雕作品，虽然刻工简洁粗犷，但已初具石雕的用刀之法。

六朝，指的是中国历史上三国至隋朝的南方的六个朝代，即三国吴、东晋、南朝宋、南朝齐、南朝梁、南朝陈这6个朝代。六朝承汉启唐，创造了极其辉煌灿烂的"六朝文明"，在科技、文学、艺术等诸方面均达到了空前的繁荣，开创了中华文明新的历史纪元。这6个朝代的共同点是都建都于南京，六朝时期的南京城是世界上第一个人口超过百万的城市，和古罗马城并称为"世界古典文明两大中心"，在人类历史上产生了极其深远的影响。

六期时期，随着政治地理的不断开拓，青田石的发源地浙江地区在全国封建统治中的政治地位逐步提高，这一变化带动了本地区经济的迅速发展。许多城市由于便利的水陆交通，突破了原来区域经贸的狭隘性，经济市场辐射面不断扩大，逐步形成了以山阴、乌程等地为代表的区域性甚至是具有全国影响的商贸中心。而浙中、浙南也于此时走上了城市经济的发展道路。

手工业方面，六朝时期，江浙一带的手工业也有很大的发展，其中代表性的部门有冶炼、纺织、瓷器、造船和造纸。青瓷无论在胎质、釉色、纹饰和烧制技术等方面，都有了显著的提高。这一时期南方大部分墓葬都有青瓷出土，尤其以浙江、

花开富贵·青田石
尺　寸　36厘米×30厘米

花开富贵·青田封门蓝花石
尺　寸　35厘米×30厘米

江苏为最多。江苏六朝墓内出土的青瓷器，有许多在烧造工艺和造型技巧上都有出色的成就，南京栖霞山甘家巷出土的带褐斑或褐色釉的瓷器，宜兴周鲂、周处墓出土的青瓷神兽尊等极为工巧。

在这一时期的墓葬品中也开始出现了青田石雕。浙江博物馆现在收藏有六朝时的小石猪多只，其中四只石猪所用石料就是青田所产的黄石，小石猪虽造型简练粗犷，却记录着1500多年前青田石雕的历史踪影：作品线条简练、造型古朴、形神兼备，艺术上可见汉魏风貌。

六朝之后，青田石雕历经风雨而不褪色，每一代的匠人在传承前人技艺的基础上又有了自己的创新，从而形成了各具特色的青田石雕文化。

到了宋代，浙江的社会、经济、文化得到极大的发展。特别是南宋时期，浙江成了全国的政治、经济、文化中心。与青田一衣带水的"东瓯名城"温州，不仅经济发达，还是对外贸易的口岸之一。在如此有利的条件下，青田石雕的生产有了较快的发展，但仍以实用为主，多制为文房雅具及文人所用的图章等小件品。宋代，青田石雕的雕刻技艺有了很大的进步，青田石雕吸收了其他玉石的制作工艺，运用"因势造型"、"依色取巧"的技巧，并发挥青田石自身石色、石质、可雕性的优势，开创了"多层次镂雕"技艺的先河。多层次镂雕是青田石雕一大特色，这种精致入微的刻划和复杂层次的处理是其他玉石雕刻很难做到的。

元明时期的青田石雕

元代由于政权更替、战争引起社会动荡等诸方面的原因，书画艺术出现了与宋代显著不同的特点，而书画艺术的发展又间接影响到了青田石的雕刻风格。

元初以赵孟頫、高克恭等为代表的宫廷画家，提倡复古主义，回归唐代和北宋时的绘画传统，并且主张将书法入画，因此创造出重气韵、轻格律，注重主观抒情的元画风格。这时的构图，为了使画面的上方可以题上诗句，所以故意留出一角，题上自己作的诗句，使诗、书、画三者合成一体，直到今天，国画仍保有这种特色。

赵孟頫，字子昂，号松雪道人，浙江吴兴人，原本为宋朝的贵族，后来受到元世祖忽必烈的赏识，成为元朝大官。他是个十分有才气的书画家，山水、人物、马、花竹和书法样样精通。

在中国历代书法大家中，以唐代欧阳询、虞世南及元代赵孟頫最负盛名，但若以艺术成就而言，赵孟頫的多才多艺又使他的名气更胜一筹。他以书法之笔来绘画，追求笔墨合一的风潮时尚，使元代的山水画起了重要的变化，也将中国传统山水画带进另一新的境界。

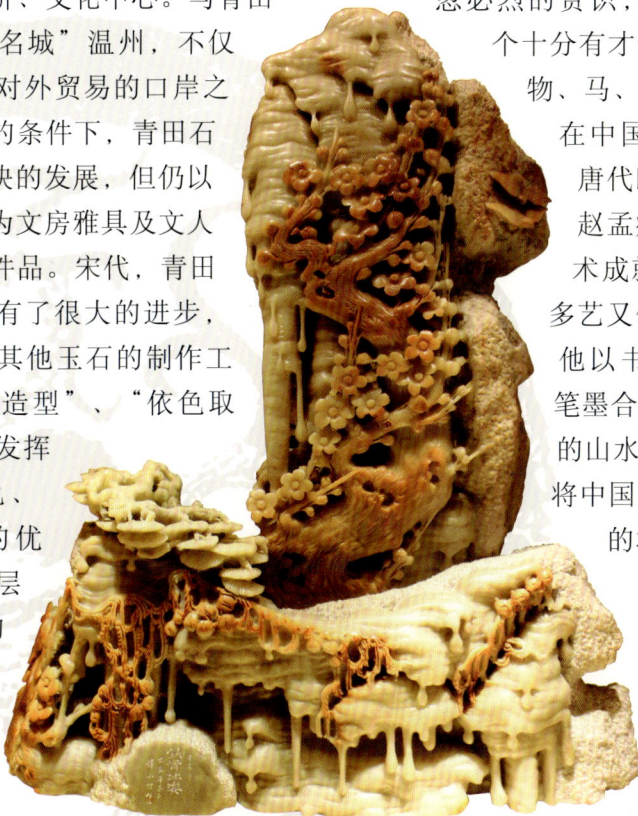

铁骨冰枝·青田封门黄金耀石

尺　　寸	40厘米×47厘米

在中国的书画作品中除去题款尾部的姓名印章以外，往往还有镌刻诗、词、章、句及图案等的印章，统称为"闲章"。闲章虽小，却融书法、绘画、雕刻于一体，是一种独特的造型艺术，是艺术作品的重要组成部分。

赵孟頫不但开创了新的中国画风格，还在闲章的取材上独具创新，那就是开始用青田石制作闲章。根据清代青田名士韩锡胙在他的一部著作《滑疑集》中记载："赵子昂（赵孟頫）始取吾乡灯光石作印，至明代而石印盛行。"

在元代除了赵孟頫之外，还有著名画家王冕也用花乳石（青田石）刻章，留下了"会稽佳山水"、"王元章氏"、"王冕之章"及"方外司马"等篆刻作品，王冕也被称为史上人称自篆自刻第一人。赵孟頫、王冕等名家应用青田灯光冻石刻章，引发了篆刻领域以石治印，流派纷呈的新风尚。

在赵孟頫、王冕之后，推动青田石印章向前发展的是一个叫文彭的书画家。

文彭，字寿承，号三桥，是明代"江南四大才子"之一文徵明的长子，家学渊源，聪颖过人，对诗词、书画、金石、篆刻均有很深的造诣，在文坛上很有影响，被后人尊为篆刻艺术的开山鼻祖。据史书记载，文彭在南京任国子监博士的时候，有一天路过西虹桥附近，看见一头驴子驮着两筐石头，一老汉也肩挑两筐石头随后。不一会，那老汉与一市井商贩争吵了起来。文彭于是上前询问得知：商贩原本答应要买这个老汉的石头，老汉把石头从江上运到这里，要求商贩再给一些搬运费，可商贩就是不肯，结果两人就为此争吵了起来。文彭仔细端详了那些石头后说："你不要和他争了，石头我全部买下，搬运费加倍给你。"老汉听了之后大喜，将石头全部卖给了文彭。文彭买回这四筐石头，让人将石头锯开，在灯光下的照耀下一些石头晶莹剔透，于是连声叫绝，而这些石头中有很大部分就是青田石中的名贵品种灯光冻石。文彭随后将这些石头雕刻成了印章，并用篆书作为印文，这些印章一面世就成为当地文人追捧的对象。

文彭独到的艺术主张和大胆的创作实践，为后世印坛的成熟和发展奠定了基础。在制印技法上，他极力矫正元人之失，努力恢复汉代印章的制作传统，把篆刻艺术纳入了正常的归到，创造了自己的风格。他与同时期的何震一起，提出了篆刻应该按照六书为准则的主张，奠定了当时印坛的理论基础。在创作实践上，文彭总结出："刻朱文须流利，令如春花舞雪；刻白文须沉凝，令如寒山积雪；落手处要大胆，令如壮士舞剑；收拾处要小心，令如美女拈针"的经验。文彭的篆刻印章风格以秀润圆劲、清丽俊雅的宋、元风貌见长，印款以双刀为之，多行楷，笔势飞动，秀美而有逸趣。文彭用青田石治印，让沿袭了二十多个世纪的铜印、金印时代寿终正寝，而进入以文士为主体，个性为特征，流派纷呈，名家辈出的石章时代。特别是明代中期以后，由于青田石提供了丰富优质的印材，渐渐托起了一个以杭州为中心的最具权威的印学社团——西泠印社。从此时开始，青田石也由市井玩物真正堂而皇之进入文人雅士的书斋和几案，登上大雅之堂，融入博大精深的东方文化中。

元明时期，由于青田石被大量"雕刻图书印记"，所以青田石也被称为"图书石"，并将与青田石有关的事物均冠以"图书"二字，诸如"图书山"、"图书洞"、"图书凳"、"雕图书"等，相沿成习。这一时期的青田石除了被大量制作印章外，还被雕刻成笔筒、水盂等文房用具和石碑、香炉、佛像等实用品。

清代的青田石雕

在清代，随着社会生产力和商品经济的迅速发展，中外物质文化交流的日渐扩大，同时还数开海禁，设立海关，组成外贸专职机构，从而促进工艺美术的繁荣与发展。在这样的社会条件下，青田石雕的技术水平和生产规模都有了很大的发展。

清代，青田石雕的品种除了印章、香炉等实用品外，还有人物、动物、山水、花卉等艺术欣赏类作品，这些雕件规格不一，大的长达一米，重数百斤；小的如指甲盖一般。

清代的皇帝都十分喜爱用青田石做印章，特别是乾隆皇帝收藏的青田石章就达上百方。其中出名的有乾隆十三年（1765年），大臣钱陈群进献的"和风甘雨"、"瑞日祥云"青田石章二方。乾隆五十一年（1786年），得文彭篆刻的"光风霁月"青田石章一方，此印印面长3.8厘米，宽3.1厘米，高6.1厘米，青田石质。印左边刻款："嘉靖乙卯四月，茂苑文彭。"印文分两行布红，字按笔画特征有序分布。光、月二字占空间较少，风、霁二字占空间较多。整个印文字与字之间相距较大，疏朗有致，带有"明印"特点。边款用双刀法刻成，带有墨书笔意，也很有特色。

1790年，乾隆皇帝八旬万寿节时由大臣金简集乾隆御制诗文中有"福"、"寿"字样的句子，采用青田石雕刻了"宝典福书"、"元音寿牒"两套印章，每套各60枚，分上下两层装在紫檀木雕的宝匣内，作为乾隆皇帝的寿礼。这些印章石色明净，石质细腻，造型多变，精致美观，现都珍藏于北京故宫博物院。

乾隆之世，杭州出现了浙派即西泠派的开山鼻祖丁敬，以其峭古而博大的清新印风确立了印坛盟主的地位，征服了整个印坛。

而西泠印社首任社长、篆刻大师吴昌硕自用之印也多采用青田石。

明末清初印章进入辉煌时代，各流派的篆刻师承关系明确，刀法讲求"稳、准、狠"，风格明显。传说中用刀有十三法、十七法之说，边款艺术也随法而生，明代刻款多用复刀。印款题年月姓名还加一些跋语，到清乾隆年后刻款用单刀法。此外，明清印章的钮制刀法精细，打磨雕刻工整，古朴典雅，多出自专业的雕钮名家。

清光绪《青田县志》中有一道《方山采石歌》写道："方山石，石何奇，巧匠斫山手出之。大者仙佛多威仪，小者杯杓几案施。精者篆刻蟠蛟螭，顽者虎豹熊罴狮。"从歌中可以看出，当时青田石雕既有器皿、仿古品，又有人物、动物；既有实用工艺品，又有供陈设的观赏品。

清朝年间，由于外交的发展，青田石雕不仅在国内销售，还漂洋过海销往国外。据民国二十四年（1935年）英文版的《中国年鉴》记载："在十七、十八世纪之交，就有少数国人，循陆路经西伯利亚前往欧洲经商，初期前往者多以浙江青田籍人为多，贩卖青田石制品。"在欧洲、美国等地，因青田石雕作品惟妙惟肖，艺术独具一格，当地人对此叹为观止。

同时，一些石商也选送青田石雕参加国内外展览。光绪二十五年（1899年），法国举办"巴黎赛会"，清政府"费国帑十五万两，自建会亭，置赛品"。青田旅法华侨与筹办赛会使团交涉，获准"青田之石货许置会亭赶售"。1904年，美国举办"圣路易博览会"，也有青田侨民在会场开设"青田石店"，陈列"青田石雕文具、人物、花卉，颜色鲜艳"。宣统二年（1910年）在南京举办的"南洋劝业会"上，青田石雕荣获银牌奖。于是，青田石之名，遂大振于全球。青田人在海外获利丰厚后，有的干脆定居国外，成了最早的华侨，进而也带动了当地人的出国之风。

海外销路的开拓，反过来又促进了青田石雕生产的良性发展，从民国初年到抗日战争之前，青田石雕出现繁盛时期。民国四年（1915），美国在旧金山举办巴拿马太平洋博览会。与会者31国、20万家，历时280天。青田石雕艺人周芝山的"梅鹤大屏"等12件作品和金兼三的"小屏风"，均获博览会银牌奖章。

这一时期，行销国内的石雕，以欣赏品为多，雕刻细致，精巧玲珑，售价较贵。主要品种有花瓶、花盘、花架、人物、佛像、屏风、石章、小动物等。销往国外者，以实用品为主，雕刻粗放，多系普通石料，价格低廉。主要品种有书夹、灯台、花樽、烟灰盒、雪茄烟盒、神像、笔架、中国著名风景等。

近现代的青田石雕

新中国成立以后，顺应时代的发展，青田当地政府成立了石雕生产合作社和合作工厂，为石料供应设立了专门机构。同时还邀请有关专家为艺人举办培训班、讲座，选派艺人到美术学院、研究所学习深造，努力提高艺人的艺术修养，产生了许多富有时代新意和生活气息的优秀作品。

80年代以来，青田石雕艺人们又以个体、作坊形式进行生产，队伍迅速扩大。为推动石雕行业的发展，近年来，青田县委、县政府不仅牵头成立了行业保护单位、不断加大投入力度，还制定出台了具有针对性的重点扶持政策。

青田县政府于1998年就牵头成立了青田石雕行业协会、青田县石雕行业管理办公室，引导和促进石雕行业的健康发展。在此基础上，又于2011年成立青田县石雕产业保护和发展局，对石雕行业进行规范管理。

近年来，在当地政府的引导下，由华侨投资

映日荷花别样红·青田三彩石

尺　寸　72厘米×42厘米×48厘米

鉴石要点　"毕竟西湖六月中，风光不与四时同。接天莲叶无穷碧，映日荷花别样红。"作者以杨万里《晓出净慈寺送林子方》诗意而创作的荷花瓶《映日荷花别样红》，造型大气，俏色逼真，形象生动地反映了这一诗情画意。徐伟军雕刻。

兴建的"山口中国石雕城"竣工，山口镇成为中国石雕的集散中心；建筑面积达11648平方米的青田石雕博物馆投入使用，它集青田石雕收藏、展示和研究等功能于一体，是全国首个石文化博物馆。

此外，青田县还制定出台了《关于加快青田石文化发展的决定》，制定了青田石文化发展的长、中、短期发展规划，为青田石雕产业的发展指引前进的方向。

青田县还确立了县财政每年落实500万元的"青田石文化产业保护发展专项资金"，用于作品征集、人才培养、石文化研究等方面。当地财政、工商和税收等有关部门也出台了相关扶持政策，鼓励个体生产者经过整合，以小企业的生产模式进行生产经营。

蝶恋花·青田金鱼冻石

尺　寸	52厘米×31厘米×15厘米
鉴石要点	峭壁旁一株兰花亭亭玉立，叶翠花香。清风正摇曳着碧叶，花香引得蝴蝶与兰花共舞，让人分不出哪是兰花，哪是蝴蝶。徐伟军雕刻。

玩家追捧的青田石雕名家

鹤城青田，山清水秀，人杰地灵，世人所瞩目的青田石即产于斯。神奇美妙的青田石，造就了一代石雕名家，青田石以其绚丽的色彩，成就历代大师的顶尖绝品，在产生无限创意的大师手下，再现生命的意义。

倪东方

1928年10月生，青田县人。中国工艺美术大师。他的石雕艺术在继承传统技艺、开拓新题材、表现新时代精神等方面取得了突出的成就。作品《俏色印雕》、《杨梅》参加了全国工艺美术展览均被评为珍品，1992年《花好月圆》被印制成邮票发行；2006年被中国工艺美术协会授予"中国工艺美术终身成就奖"。

瓜熟蛙趣·青田旦洪石

尺　　寸　40厘米×22厘米×12厘米

鉴石要点　石质细腻，颜色明亮，镂雕丝瓜饱满圆润，叶片薄如蝉翼，藤须细如发丝，一只青蛙落在丝瓜上面，造型生动，实为俏色巧雕的典范。倪东方雕刻。

鸣秋

倪东方作

鸣秋·青田黄金耀石

尺　　寸 42厘米×25厘米×11厘米

鉴石要点 两只小鸟落在黄色的枝叶上，一鸣
　　　　 一唱，旁边黄色的山石鲜艳透亮，
　　　　 整个画面就好像秋日的山林，静谧
　　　　 迷人。倪东方雕刻。

牛克思

1954年1月生，青田山口人。现为中国工艺美术大师。自幼聪颖好学，在其父名师林挺椒的指点下，继承和发扬了传统的石雕技艺风格，擅长山水、动物的雕刻。

《万里雄风》1998年获青田石雕行业评比特等奖；1999年，《梦圆世纪》组雕获中国工艺美术学会举办的中国工艺美术大师精品展暨首届中国优秀工艺美术作品展金奖；2001年中国候选国石作品展评，其作品《枯木逢春》获金奖、《江南黄芽菜》获银奖。

碧海情涛·青田彩石

尺　　寸　62厘米×43厘米×21厘米

鉴石要点　江水浩浩荡荡奔流入海，岸边青山挺拔树木繁茂，山上的植被红似火，透着一股秋天的味道。整个作品分为远景、中景、近景，比例搭配得当，雕刻精细，造型大方美观。牛克思雕刻。

五子登科·青田龙蛋石

尺　　寸　35厘米×35厘米×15厘米

鉴赏要点　作品主要采用镂雕、圆雕技法，雕刻的几个童子造型形态各异、调皮可爱。体态饱满，神态惟妙惟肖，足见出作者人物雕刻的深厚功底。张爱廷雕刻。

张爱廷

　　浙江青田人，生于1939年。中国工艺美术大师。1957年开始从事青田石雕，先后任青田石雕厂创作组组长、厂长。1958年至1960年以优异成绩就读于浙江美术学院（现中国美术学院）民间工艺美术系。1967年至1968年作为专家被国家派遣赴阿尔巴尼亚传授石雕技艺。1957年经浙江美术学院邀请在该院雕塑系任教一年。

　　1988年被评为"高级工艺美术师"。1989年赴日本作技术交流和表演。1991年被浙江省人民政府授予"浙江省工艺美术大师"荣誉称号。1993年被国家轻工部授予"中国工艺美术大师"的荣誉称号。四十多年来，张爱廷大师挚爱青田石雕艺术，潜心于人物、山水、花鸟和动物的创作，造诣颇深。特别是在人物创作上，鉴古通今，融贯中外，独辟蹊径，意蕴深厚，形神臻于完美，为工艺美术界所推崇。

　　1992年作品《连年有余》入选国家邮电部发行的青田石雕特种邮票。1996年作品《民族英雄陈化成抗英》被上海华东烈士陵园收藏陈列，八件作品在第一届世博会上获奖。2001年作品《喜悦》在中国国石精品展评中获特等奖。

松鹤聲韵 张爱光 作

松声鹤韵·青田封门金玉冻石

尺　　寸　38厘米×56厘米×18厘米

鉴石要点　茂密的松林密密实实，风吹过，松树的枝叶随风摆动，似一阵阵波涛一样；仙鹤在半空中鸣唱，似乎是在歌颂四季的灿烂。山脚下，江水澹澹，几艘乌篷船停在岸边，应该是有朋自远方来。整个作品颜色丰富，造型华美。张爱光雕刻。

林如奎

1918年9月生，青田山口人。1988年荣获"中国工艺美术大师"称号。自20世纪50年代以来，致力花卉创作研究，作品推陈出新，意蕴丰富，造型精美，开青田石雕一代新风。其创作的《高粱》曾获第二届"中国工艺美术百花奖"优秀创作设计二等奖，由国家征集收藏，1992年，被印制为邮票公开发行。

林福照

1938年1月生，青田山口人，中国工艺美术大师。擅长花卉、人物雕刻，其作品《花果篮》于1982年在全国石雕产品评比中获优秀作品奖；《芋》于1986年获中国民间工艺品展览会金奖，并入选《青田石雕》明信片；1990年，《葡萄山》获国家旅游局、轻工业部、商业部举办的中国旅游购物节旅游产品评比"天马奖"优秀奖；《钟馗》被选送参加新中国成立45周年中国社会发展成就奖；《玉兰瓶》荣获2003年第二届浙江省工艺美术精品奖。

周百琦

1940年出生于青田山口村，中国工艺美术大师。周百琦在创作上喜欢标新立异，喜欢有浓厚生活趣味的题材，如虾、蟹螺、蚌、鹭、蘑菇、春笋等。《春》是周百琦的代表作。画面上三支春笋在老竹桩旁破土而出、拔地而起，中间一支金黄色的冲天而立，两支小笋依偎左右，倔强生长，三支竹笋大小有别、高低错落，显示旺盛的生命力。《春》一问世便获得好评，1992年被邮电部制成特种邮票在全国发行。《光阴、生命》是他的另一佳作：枯朽的老木桩上挤挤挨挨地附生着蓬勃可爱的蘑菇。这是他病重期间刻的，做完这件作品，他便英年早逝了。代表作有《海螺》《锦鸡》《罗汉》《百鸟颂东风》《芦苇丛中》等。并有多种探索石雕技法理论的专著发表。

张爱光

1959年8月生，青田石雕省级代表性传承人。中国工艺美术大师、中国玉石雕刻大师，丽水市中青年专业技术拔尖人才。从业青田石雕艺术三十多年，传统技法刻、凿、锉、雕、镂样样精通，作品《山翠长春》《王母娘娘出游》《百子祝寿》《竹林七贤》《红枫倩影》《观沧海》《五百罗汉》《地香》《金晖》《爱摩斯基狗》《春晓》《春江花月夜》《金萝卜》《红萝卜》等在国内外各类比赛中获奖。现任丽水市工艺美术行业协会副会长，青田县石雕行业协会副会长。先后被联合国教科文组织和中国民间文艺家协会授予"中国民间文艺家"、"民间工艺美术大师"荣誉称号。

周金甫

1959年生，温州人。1974年随父迁居青田石雕发源地山口镇从事石雕创作。现为高级工艺美术师、中国工艺美术大师。擅长花卉、山水、动物等创作。作品《高粱》获96浙江中国民间艺术品展评会金奖；《古梅新姿》获96青田石雕精品评比一等奖；《独占金秋》获98浙江民间艺术品展会金奖；《高风亮节》获98中国首届国际民间艺术博览会金奖；《欢聚》获99中国工艺美术创作大展世纪杯银奖；《老来俏》获2000年首届中国工艺美术大师作品暨工艺美术精品博览会银奖；《生命之源》、《重聚风采》分别获第三、第四届中国工艺美术大师作品暨国

春山行旅·西安绿石

尺　寸 46厘米×30厘米

鉴石要点 早春时节，山野上冬日的积雪还未融化，但坚韧的青松已经不甘寂寞，颜色变得嫩绿无比，生机无限。周金甫雕刻。

际工艺美术精品博览会金奖；《岁月留痕》荣获2003年第37届全国旅游品、工艺品博览会一等奖；《知秋》、《再生缘》分别获首届、第二届浙江省工艺美术精品奖；《心系千家》获中国国石天工奖金奖；《独占金秋》2004年被中国工艺美术珍宝馆评为珍品收藏。

林观博

　　1962年7月生，青田县山口镇人，浙江省工艺美术学会会员、高级工艺美术师。15岁从事石雕行业，擅长山水、花鸟、动物作品的雕刻。1995年被中国民间文艺家

协会和联合国教科文组织联合授予"民间工艺美术家"荣誉称号。《大地春色》获2001年中国候选国石作品展评银奖；《赤壁怀古》获第二届浙江省工艺美术精品评比精品奖和2003年中国玉雕、石雕天工奖金奖。2004年被中国宝玉石协会授予"中国玉石雕刻大师"荣誉称号。2005年作品《横枝缨玉》被青田石雕博物馆收藏。2005年被评为浙江省工艺美术大师荣誉称号。2006年，作品《观音》获中国"四大国石"展金奖；2007年，作品《一统江山》获中国"四大国石"展金奖。2012年被评为中国工艺美术大师。

吉祥如意·青田封门石

尺　　寸　50厘米×50厘米

鉴石要点　金色的橘子饱满圆润，在秋日里散发着成熟的味道，"橘"与"吉"谐音，寓意"吉祥如意"。周金甫雕。

工艺美术大师简表

青田因石而兴，因石而声，因石而名，青田石雕的技艺也被一代代的青田人传承并发扬光大，截止到2013年，青田县已经出了9位中国工艺美术大师，26位浙江省工艺美术大师，74位丽水市工艺美术大师，其数量之多居浙江全省前列。具体名单如下。

中国工艺美术大师（9人）

姓名	出生时间	评定时间	评定届次
林如奎	1918—2011	1979年8月	第一届
周百琦	1940—1988	1988年4月	第二届
倪东方	1928	1993年12月	第三届
张爱廷	1938	1993年12月	第三届
林福照	1938—2012	2006年12月	第五届
牛克思	1954	2006年12月	第五届
周金甫	1959	2006年12月	第五届
张爱光	1959	2012年8月	第六届
林观博	1962	2012年8月	第六届

浙江省工艺美术大师（26人）

姓名	出生时间	评定时间	评定届次
林伯正	1954	2006年8月	第三届
陈小甫	1959	2006年8月	第三届
马兵	1966	2006年8月	第三届
徐永丽	1966	2006年8月	第三届
叶平勇	1968	2006年8月	第三届
张海政	1969	2006年8月	第三届
林爱平	1969	2006年8月	第三届
袁良军	1969	2006年8月	第三届
刘银华	1954	2010年7月	第四届
傅献君	1957	2010年7月	第四届
黄银松	1958	2010年7月	第四届
陈建毅	1959	2010年7月	第四届
杜小亮	1960	2010年7月	第四届
留大伟	1964	2010年7月	第四届
李德	1968	2010年7月	第四届
卓乃枢	1969	2010年7月	第四届
徐岳军	1970	2010年7月	第四届
戴春平	1972	2010年7月	第四届
夏福仁	1974	2010年7月	第四届
朱虎	1975	2010年7月	第四届
叶军荣	1976	2010年7月	第四届
徐伟军	1977	2010年7月	第四届
潘锡存	1943	2006年8月	第三届
潘成松	1973	2006年8月	第三届
林青云	1973	2010年7月	第四届
南鲁魏	1975	2010年7月	第四届

青田石雕雕刻技法

领略青田石雕加工及形成艺术品的整个过程，了解青田石雕的精美之处。你不仅能感悟青田的智慧和文化，亦能感受与石雕一样大气精致、开放兼容的内涵和情感，可淘宝取石，也可了解学习一门手艺。

圆雕

圆雕也称立体雕，强调的是雕刻品的立体感，是各种石雕制品最基础的一种雕刻技法。这种雕刻法要求雕刻者从石材的上、中、下以及前、后、左、右全方位进行雕刻，其作品多为仙、佛、人物和老虎、狮子等动物。

一件作品用圆雕雕刻完成后，观赏者可以从不同的角度去欣赏，非常富有立体感。圆雕不适合表现太多的道具、烦琐的场景，要求只用精练的物品或其局部来说明必要的情节，以烘托主体。由于圆雕表现手段是极精练的，所以它要求高度概括、简洁，要用诗一般的语言去感染观众，正因为如此，硬要它去表现过于复杂、过于曲折、过于戏剧化的情节，将无法体现圆雕的特点。

由于圆雕作品极富立体感，讲究逼真、生动、传神，所以圆雕对石材的要求也比较高，从石材的长宽到厚薄都必须具备与实物相适当的比例，然后雕师们才按比例"打坯"。

"打坯"是圆雕中的首要程序，也是一个重要环节，特别是大型的圆雕作品，还需要先在泥土上"打坯"修订完"泥稿"后，再正式在石材上"打坯"。

"打坯"的目的是确保雕品的各个部件能符合严格的比例要求，然后再动刀雕刻出生动传神的作品。圆雕一般从前方位"开雕"，同时要求特别注意作品的各个角度和方位的统一、和谐与融合，只有这样，圆雕作品才经得起观赏者全方位的透视。

刘海戏金蟾·青田红花石

尺　寸　16厘米×16厘米×5厘米

鉴石要点　此作品主要采用圆雕技法，取材于"刘海戏金蟾"的神话传说。相传刘海为善良的樵夫，狐仙胡秀英羡慕人间生活，爱上刘海，而金蟾化身的石罗汉趁刘海外出时，把胡秀英推入井中，夺走了她的宝珠，使她显露狐仙原形。刘海最终打败石罗汉，夺回宝珠，救了胡秀英。

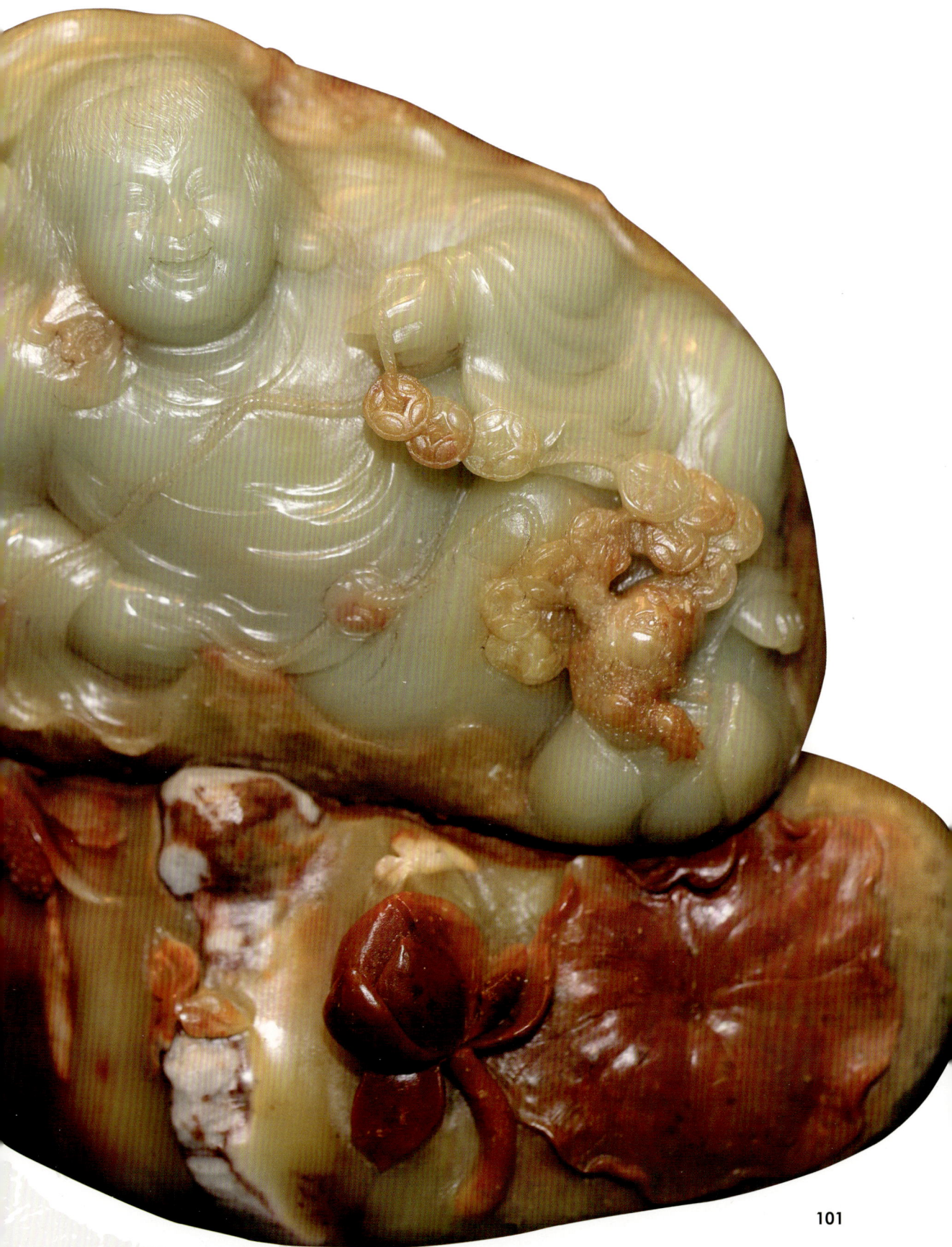

平刻

又名阴刻，常用在印章的雕刻制作上，是一种在光滑的印身上面雕刻书法或者图案的技法。在各种雕刻中，平刻是最为省工的一种，但是真正能够刻得出神入化，将画面设计得古意典雅，也不是一件容易的事。平刻要求制作者要有较强的绘画能力。一般使用随形石进行拨刻。首先用铅笔加以勾勒，然后用平凿侧尖或特制刻刀拨刻，其实可以说是用铁笔往印石上写画。待全部完成作画后，用褚石加调少许墨色，将所刻画面涂匀，待干燥后，用潮湿毛巾擦去浮色，这件作品就完成了。

平刻与浮雕的不同之处在于：平刻追求的是一种绘画效果，而浮雕更注重雕塑的立体感；平刻利用印体表面，可以不刻或不用刮平底子，而以平整底子为依托的浮雕，则将景物"浮起"；平刻以阴刻为主，通过刀刻的线、面、点表现景物，而浮雕并以阳刻为主，通过光影塑造景物。

平刻根据运刀方法的不同，可分为线刻、点刻及微刻三种。平刻的发展分为四个时期：古代是凭借眼力雕刻而成，如甲骨文时期刻的微型文字；近代是在古代的基础上，凭借眼力借助放大镜制作而成；现代是借助显微镜制作观看，如在发丝上雕刻，在每平方毫米刻四十字等，这个时期已达到人的制作极限；当今，采用纳米技术进行微雕制作，通过电子显微镜观看组成的文字图形等。

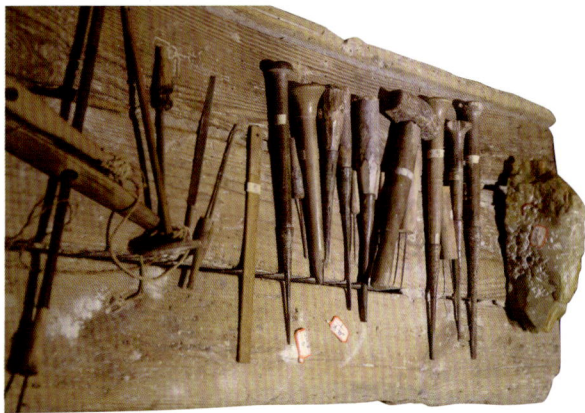

青田石雕刻工具
自上而下为车钻、凿子、雕刀、刺条、雕刻常用其他工具。

金石乐永无疆·青田紫檀红冻石

尺　　寸　180厘米×40厘米×25厘米

鉴石要点　该石为庆祝西泠印社百年华诞而作，由西泠印社执行社长刘江题刻"金石乐永无疆"，代表国内外各地篆刻艺术最高水准的百名西泠名家纷纷题刻留名，成为中国石雕艺术与中国印文化历经千年融合的艺术结晶。

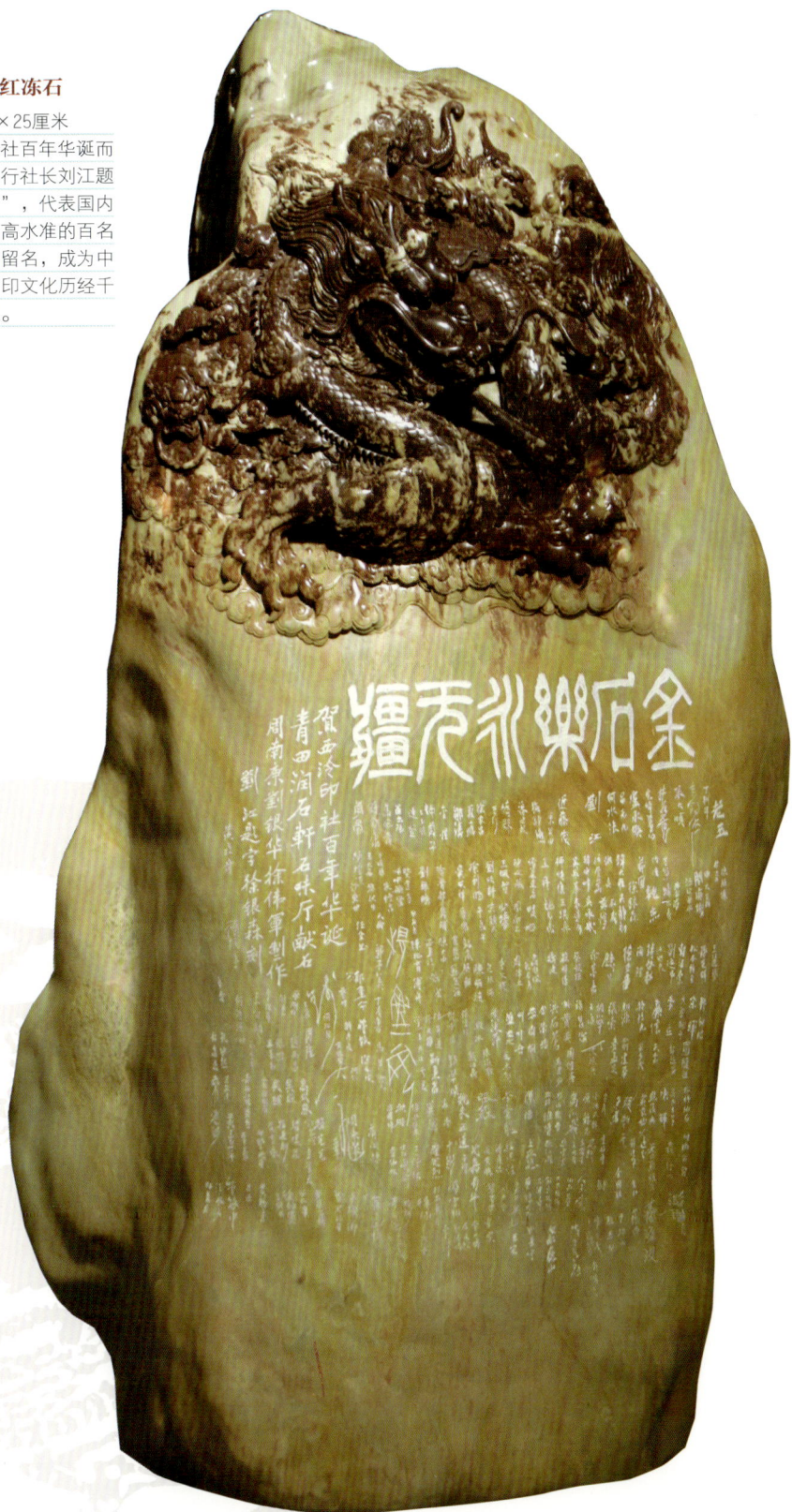

镂雕

镂雕又称透雕、镂空，在青田石雕的技艺中，最具有特色的就是镂雕，在雕刻花卉、山水等作品中更见功底。

镂雕大体可有三种，分别是单面镂雕、透空镂雕及立体镂雕。

单面镂雕就是作品多供单面观赏，只对其正面精雕细刻，对背面只做简单的修饰。这种技法不仅省工省料，而且便于艺术处理，也符合人们欣赏的习惯。雕刻师将作品正面的景物雕刻得玲珑剔透，层次丰富，而将背部刻成屏风或刻成高山、岩石，正好成为前景的依托。此类代表作品有插屏、山水等。有些大型作品，由于场面大、景物多，因此也采用单面镂雕法对其进行巧妙的处理。

透空镂雕即在石材上面镂出一些大洞，使其变成太湖石的样子。这样，不但便于镂雕，使其层次丰富，而且又能使作品更富有立体感，给人以"透气"感，透过景物、穿过石材而感受到纵深空间的存在。

立体镂雕的作品，就是把整片"体身"化成局部存在的树桩、岩石。尽管这些树桩、岩石具有"体身"的功能，但其本身就具有完整性，所以也成为作品中必不可少的有机组成部分。虽然，对这类作品欣赏有主次之分，但是对四面仍要精心雕刻，从每一个面都能让人们感受到不同的美感。

镂雕的程序是"先外后内"，待外层景物及其他衬景的打坯、凿坯工序全部结束之后，才能进行镂雕。基于镂雕的难度很大，所以从石料挑选、作品布局、刀具配备到雕刻程序等，都与一般的雕刻技法有所不同。镂雕的石料必须质细性纯，尤其是镂空部分，更不应有裂纹和高密度的砂格，否则容易造成断裂。镂雕使用的工具，除一般雕刻刀具外，还需要特制的长臂凿、扒剔刀、铲底刀、钩型刀，以及小锯刺等专用刀具。

花开富贵·青田蓝花钉石

尺　寸　40厘米×50厘米×16厘米

鉴石要点　危崖峭壁之上，梅花牡丹竞相绽放，娇艳动人，几只鸟儿也不甘寂寞，在枝头窃窃私语。鸟语花香，意境十足。

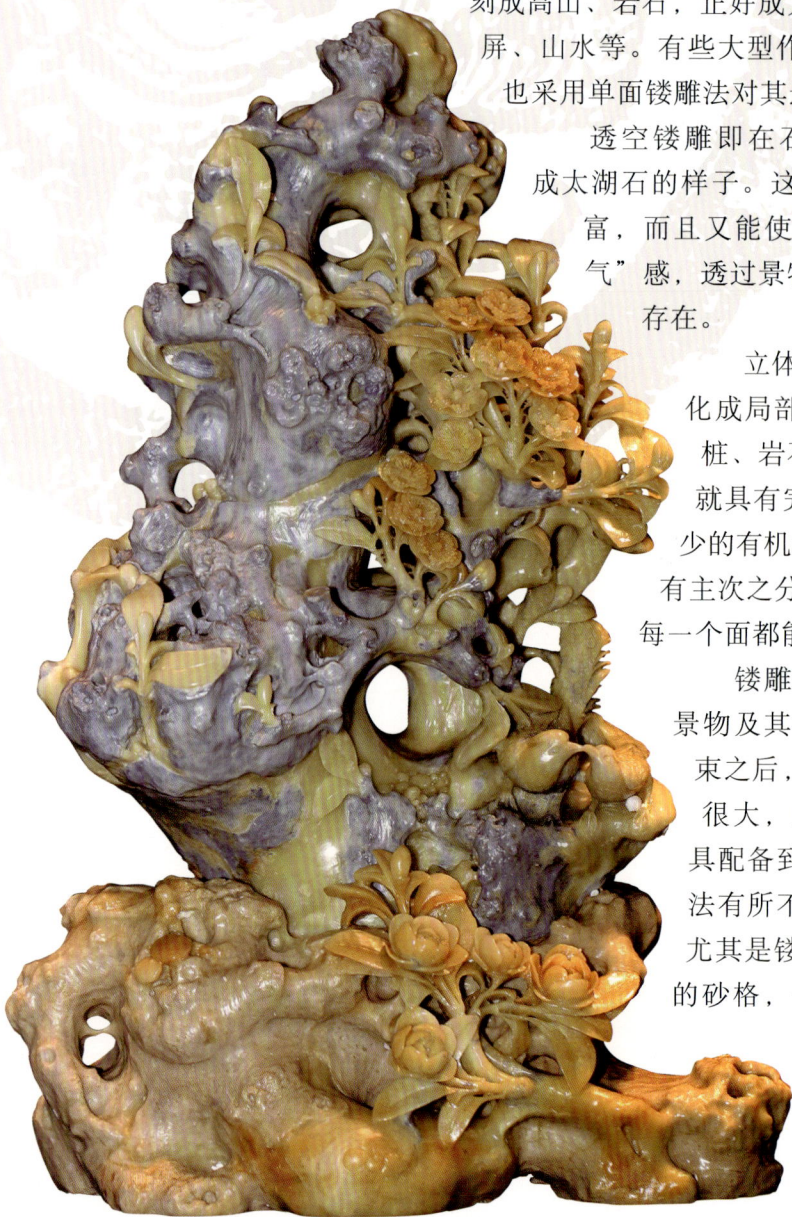

瓜瓞绵绵·青田黄金耀石

尺　　寸　31厘米×22厘米×12厘米
鉴石要点　枝繁叶茂，花朵盛开，但仍然藏不
　　　　　住丰硕的丝瓜，颜色艳丽，外形结
　　　　　实饱满，表达了作者对丰收的喜悦
　　　　　和对大自然的热爱。

浮雕

浮雕是在平面或弧面的毛料表面上，对本来是立体的人物、动物、山水、花卉等形象采用了压缩体积的方法——通常只是压缩厚度，对于长与宽方位保持原来的比例关系——来表现艺术形象的。浮雕的画面布局一定要有章法，大多参考一些画册，如《芥子园画集》等。

在比例上也多按照古代书画作品的比例，如"丈山尺树，寸马分人"等。雕刻者可利用物像厚度被压缩程度的不同，运用凹凸面的不同、受光后所形成的明暗幻觉和各种透视变化来表现立体感和空间感，从而使浮雕在表现原则上更接近绘画的方式，特别是薄浮雕就已经很像绘画了，所以，浮雕是一种介于绘画和圆雕之间的艺术表现形式，在题材的选择、形象的刻画和工艺技法上形成了自己的特点。

在题材的选择方面，由于浮雕强调"平面效果"，一些在圆雕中无法表现的题材却可在浮雕中得到充分和完美的表现，例如，环境是圆雕难以表现的，而浮雕却可以大显身手。

浮雕根据景物"立体度"的强弱，可分为薄浮雕、浅浮雕和高浮雕三种。

薄意

薄意又称薄浮雕，因雕刻层薄并富有画意而得名。这种技法主要用于石章的印体雕刻，首先是从寿山石章的雕刻开始兴起的，现代著名篆刻家邓散木曾说："薄意之者，薄刻而具有画意之谓。"薄意融书法、篆刻、绘画于一体，是中国印章艺术进入石章时代后，由印雕艺术家突破传统印钮模式，并进行大胆创新，用浮雕技法在印体部位创造出来的一种全新的印章装饰艺术。

薄意融汇了古老玉雕艺术中的浅雕、竹刻艺术中的留青和薄地阳文等技法，而且以画为稿，并通过流利的刀法，细腻地刻画，使一种色调和谐隐现在印体上，让人们不但可以领略石材的自然纹路，还可以欣赏精雕细琢的优美画图。其飘逸、淡雅的格调非常符合历代文人的审美情趣，因此也就深得文人雅士的赞赏。

印章石材的表面有时难免会出现一些裂痕、砂丁或不纯

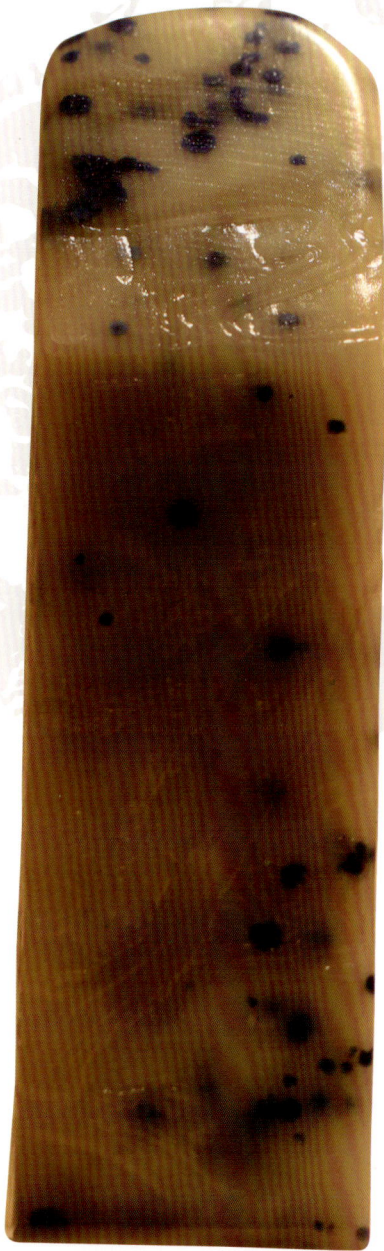

薄意雕印章·青田蓝星石

尺　　寸　2厘米×2厘米×6厘米

的色块、斑纹，即便是田石、水坑冻之类之类名贵石种也难达到纯净无瑕。如果这些瑕疵出现在印体部位，是没法通过钮雕加以利用遮掩的，但如果不加处理，势必会影响到石章的品级。在这种情况下，雕饰薄意于石面就成了最理想的装饰方法。

薄意雕刻，要根据印石的质、色、纹、裂、钉等设计题材及构图，在石上画出白描稿之后，用刀尖沿墨线勾勒出来，然后铲刮平正画面的空白部分，使景物微凸，最后再精心刻画修饰景物。由于薄意浅刻如画，耗材甚微，所以特别适合于雕琢像封门青之类珍品原石。

低浮雕

低浮雕的雕刻深度就是指景物的"浮起"感介于薄意与高浮雕之间。它兼有绘画意味和立体感的艺术形式。

高浮雕

高浮雕多用于一些有色层而厚度不足、质佳的石料上或炉瓶身上的装饰。花纹奇特而料薄、绚丽的石料则要采用浅浮雕手法雕刻成精巧的插屏。高浮雕不仅是在平面上使景物"浮起"的一种雕刻手法，也是介于圆雕和绘画之间的一种艺术形式。

梦之蓝·青田封门蓝带石

尺　寸　23厘米×28厘米×32厘米

鉴石要点　作品舒展自由，景物上的简约淡远，可以领悟到那高处的蓝天白云、眼前的参天劲松、静静下垂的柳丝、还有山脚浮起乳白的雾气、淙淙流泻于小桥之下的清冽泉水……景物迷人、风格清雅。徐伟军雕刻。

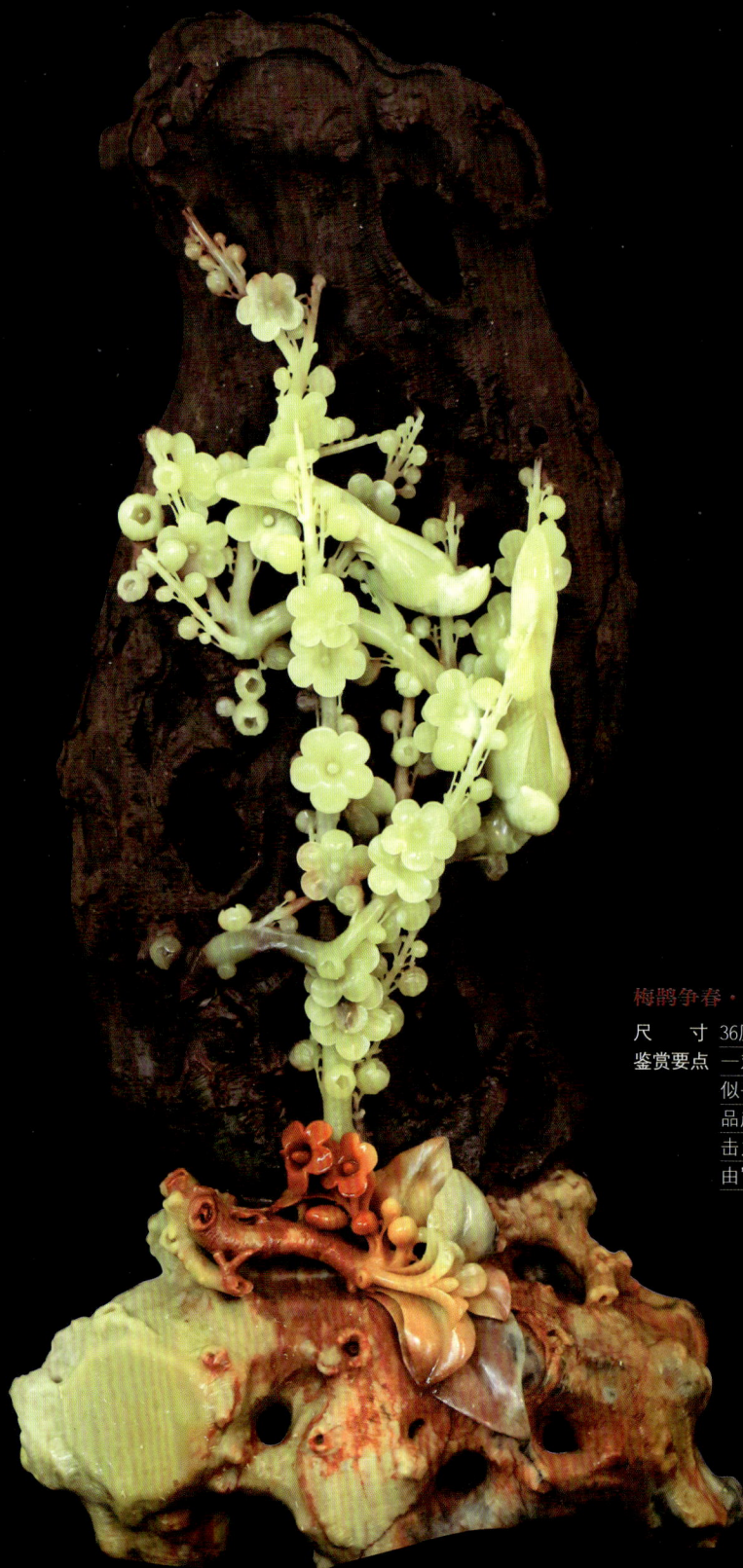

梅鹊争春·青田龙蛋石

尺　　寸　36厘米×18厘米×12厘米

鉴赏要点　一对喜鹊栖息于怒放的梅花枝头，似乎正诉说着对春的畅想。整个作品颜色对比明显，有很强的视觉冲击力，表达了一种"万类霜天竞自由"的意境。

咏虾·青田封门夹板冻石

尺　寸　17厘米×16厘米×23厘米

鉴赏要点　作者把夹板冻石的下层雕刻成珊瑚，把冻石部分俏雕成两只虾，而上层土黄色石皮仅保留两只虾的眼睛，犹如神来之笔、画龙点睛，激活了作品灵动之气。徐伟军雕刻。

幸福家园·青田黄金耀石

尺　　寸　26厘米×47厘米×12厘米

鉴石要点　深宅大院，碧瓦飞甍，墙边高大的迎客松根基缠绕，枝干粗大，既显示出院子主人根基稳固，又表达了对亲友的好客之情。雕刻细腻，树皮、松针、琉璃瓦等形态逼真，于细微处见功力。

青田石雕准备工序

青田石雕的技艺，大多是以祖辈师徒的口授、身教相传，目前没有完整的文字流传在世。石雕艺人们数百年来扎根在民间摸爬滚打，与民间的画工、塑匠的艺术实践息息相通，创作心得和技法多以口诀的形式相互沿用。学艺方式是父传子或者师傅带着徒弟，练习基本功的方法主要是通过临摹，长时间地反复雕琢一件产品，逐步形成一种程式化的造型和使用工具，之后才进行其他的雕刻。青田石雕刻的工艺流程大致分为选料布局、打坯凿坯、精刻修光、放洞镂雕、配垫装垫、打光上蜡等几大工序。

枯木逢春·青田夹板冻石

尺　寸　40厘米×60厘米

枯木逢春·青田石（局部）

选料布局

首先是选料布局：选料大致可分按料选题和按题选料两类。

在挑选石料时，应先将石料擦洗干净，仔细观察有没有缺陷。石料不得有风化剥落和裂纹、炸痕、隐残（即石料内部有裂缝）、纹理不顺、污点等自然缺陷，要求质地均匀，颜色、纹理、晶体结构一致。有时候可以用铁锤轻轻敲打，如敲打后发出"咚咚"的声音，意味着石头内部没有裂缝或隐残，如果是"叭叭"的声音，就需要引起注意，这表明石料内部可能会存在裂缝。

选择好毛料后，要根据毛料的形态、质地确定其适合雕刻的题材。石雕和一般的绘画雕塑相比，既有确定主题、选择题材、经营位置、刻划形象的共性，更具有受到既定物质材

青田龙蛋原石

步步高·青田龙蛋石

尺　寸 33厘米×33厘米×19厘米

鉴石要点 在酱紫色的石皮上雕刻楼阁、树木、小桥流水，龙蛋作为画面本身的一部分，只简单雕刻一对仙鹤飞翔的造型，构思巧妙，雕刻细腻，寓意"步步高"。

料强烈制约的个性。所以，石雕从布局开始就要"因材施艺"，艺人往往要将石料摆在案头，横摆斜置，细致观察，反复构思，当面前的石料与脑中的某一灵感图象相契合，产生创作冲动时，才挥锤握凿，确立作品雏形。

由于青田石天然形成，在构思、设计、剥料过程中，出现的颜色、绺裂分布突然变化，应随机应变，促使构思逐步完善，成熟。

与按料选题相反，按题选料是雕刻者先有主观构想，确定了要雕刻的题材，之后再去石场寻找合适雕刻这一作品的石料，或者是准备雕刻某一类题材的作品，然后对石料作针对性的选择，主要从作品的要求方面考虑。

比如，要雕刻人物题材就要求石头的颜色纯净文雅，如果是花鸟题材，则尽量要选择绚丽多彩的石材；山水题材的石料最好是形态突兀多变，精雕作品则要求石料的质地优良，石色丰富。许多题材还要求石料有一定的体积。

一个好的雕刻素材，是凝聚了设计者的才智、学识、修养、审美的综合能力。见多识广、博才众艺即能开阔视野、活跃思路，面对不同的青田石毛料，才能看出不同形象来。

一个故事，一句成语，都会成为最佳的雕刻艺术。

有经验的雕刻艺人会选取适合发挥自

己艺术特长的石头；还会在众多的毛料中选取比较畅销和便于加工的石头。这些被选取的毛料，应该具备一定的形状、色泽、纹路，并少有裂纹和砂隔，以利于雕刻和加工。

石头一般分椭圆形、长形、扁平形、圆形、锥形等。椭圆形、长形石材可直竖亦可横放，各种技法均可施行，一般雕刻者喜欢选用。

扁平形石料宜选用薄意、浮雕、透雕等技法。圆形石料宜于花果篮、器皿或盆类立体雕刻。锥形石头多用于把玩类雕件的制作。对石形的选择运用无固定模式，它与创作者的艺术素质及技艺有关。

青山松韵·青田蓝花钉石

尺　寸　46厘米×36厘米×16厘米
鉴石要点　青山连绵起伏，难免给人以单调之感，但幸好有不屈不挠的苍松从山间长了出来，青山松韵，如梦如幻，为整个大山增添了无限的情趣。

旭日东升·青田黄金耀石

尺　　寸　30厘米×24厘米×12厘米

鉴石要点　山势挺拔，树木葱郁，一轮红日正在山的背面冉冉升起，整件作品在大气端庄的气氛中流露出灵气，令人见之忘俗。

打坯凿坯

在选好石料、定好题材之后，就进入了打坯凿坯的环节。打坯是着手雕刻作品的第一步，用打坯凿大刀阔斧地劈削出作品的外轮廓，景物的大块面，以最简炼、概括的手法，将构思变成视觉形象。打坯有两个主要目的，一是整理石头，二是把作品的大体轮廓（即坯）用减法凿出来。所谓整理石头一是将作品底盘打清楚，使作品摆放角度恰当，能站稳；二是把石面上的皮、砂钉等处理清楚，使一些潜在的好石头（行话叫"肉"）或需要化解或取俏的部位暴露出来，以便更好地利用。

打坯的程序要从全局着眼、局部入手，第一刀往往从作品的"点睛"处开始，然后逐渐拓展，当遇到石头有新情况时，又要因石（势）利导，随石（机）应变。打坯打得准确、得体与否，是雕刻作品成败的关键。每每打坯要用上十几种卡凿，因此传统雕刻艺人有一个属于雕刻功夫外的功夫——磨刀。刀不锋利，就打不出或打不好准确的切面。

凿坯是继打坯之后的雕刻动作，它用的是手凿。手凿一头是木制的手把，另一头就是刀口。凿坯的目的是为了将打坯后的粗坯凿实。

如果说打坯是勾画作品的轮廓的话，那么凿坯就是将这一轮廓描实，进一步消减体积、分量，物体的形象渐次分明，使原本的平面有了凹凸变化，看见了衣褶、毛发、肌肉、山峦、树木、花卉、枝叶……凿坯不仅仅是在雕刻细节，还是在处理局部与整体，结构与空间，形状与骨肉，动态与静态、点线与平面，重心与方向等关系。凿坯需要艺人胸有成竹，大胆泼辣，下凿准确，不拖泥带水。

松下问童·青田封门青石
尺　寸　22厘米×28厘米×15厘米
鉴石要点　"松下问童子，言师采药去。"作品取材于唐代诗人贾岛的《寻隐者不遇》，造型简洁明了，古意悠长。

精刻抛光

精刻用以深入刻划细部，抛光用以修饰外貌，使作品显得更有生气，更美观，更传神。未经精刻修光的作品只是粗坯，各方面都粗糙、模糊，就好像宝石上面蒙了一层厚厚的灰尘。

精刻的主要工具是雕刀，技术手段包括刨、刻、雕、刮、剔等刀法。修细的程序与打坯相反，它是由里及表、由深入浅、由远到近逐步进行的。

青田石雕的艺术表现手法大多是写实的，力求雕刻的作品与实际生活中的物体形神皆似。因此，除了特殊需要才留下雕琢的痕迹外，大多不留刀凿痕迹。

这就需要在精刻之后进行抛光，使作品简洁明快。抛光过程需要的工具和原料首先是一个抛光所用的平台，这个平台必须具有一个稳定的水平面，可以挑选一块比较厚一点的玻璃板。

然后就是抛光时候需要的砂纸，需要60号、120号砂布，500号、800号、2000号、3000号、5000号水砂纸。

在抛光的时候要注意，水磨砂纸是在水中使用，或加水使用，不能干磨，一般磨石头，找石头平整的面（如果石头表面不够平整，可以去五金店头铁砂纸，把其磨平整，铁砂纸颗粒比较大，是粗磨用的，必须干磨，水磨砂纸颗粒小，是细磨用的，加水使用），用水磨砂纸加水磨，从最粗的磨起，水磨砂纸号码最小的，就是最粗的。

金枝玉叶·青田蓝带石

尺　　寸　51厘米×35厘米×15厘米

鉴石要点　整件作品巧色运用得当，雕工精细，梅花朵朵绽放，花瓣片片清晰，梅花的颜色与蓝色的山石对比强烈，一种"梅花欢喜满天喜"的意趣尽在方寸之间。

每次换砂纸，都要重新彻底用水冲洗清洁过石头，用牙刷刷洗掉凹处和边角处的污垢，才能用更细的砂纸。

配座装垫

青田石主体雕刻完工后，对于一些大的雕件就需要给其配一个底座，底座的作用一方面是为了让雕件放得稳当，另一个很重要的作用是，合适的底座能够衬托出青田石的美观。俗话说"好马配好鞍"，一件上等的青田石雕再配上一个绝佳的底座，必定会让青田石的观赏价值陡增数倍。

石雕的底座多选用优质的木材雕刻，也有用平板或凹形的岩石充当的。青田石雕一般用优质木材，如红木、花梨赤梨木、樟木、杜鹃木等，其中以紫檀木为最高贵。也有用石头或者根雕等材质制作，出来的底座追求古朴、高雅或现代的风格。

底座上的纹饰多采用流水行云状，也有刻上树枝、花鸟的，平矮座架一般用典雅而简朴的几何图案刻饰装点。配何种形状的底座需要根据青田石雕的内容和造型来定，花卉作品用水纹座，人物或者瓶炉作品多配图案座，神仙佛香多配莲花或云头座。

上乘精品的青田石雕，还得专门给配一个案几，合适的案几更能衬托出石雕的观赏性。

需要注意的是，在给青田石配底座的时候要切忌喧宾夺主。石头和底座之间，石头永远是第一位的，属于主角，底座只能是陪衬，属于补充。底座的存在目的就是为了让石头能够稳当站立，使石头的主题可以一目了然，以更加方便人们赏析把玩。

所以最好的配座是能够把人们目光长久地吸引到石头上，并在认真地品评后，再由衷地说出类似于"这个石头好，座子也般配"这样的话。有人为自己的石头配了远比石头大得多且很花哨的底座，使石头反而成了点缀，就属于典型的本末倒置，已经不再是为石头配座，而是为座子配石头了，此法显然不可取。

另外，底座要忌修饰过度。虽然底座有为石头藏拙补缺的作用，适当修饰是允许的，但必须要有限度。

花前月下·青田封门青石

尺　　寸　27厘米×29厘米×7厘米

鉴石要点　一轮圆月映照的大地如同白昼，鸟儿也不甘休息，在盛开的鲜花下面窃窃私语，如热恋中的情侣一般，花前月下，好不浪漫。

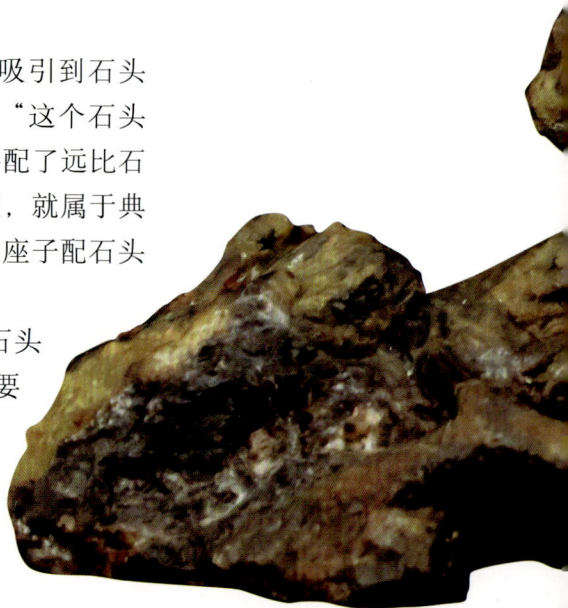

上蜡保养

青田石雕刻品在磨光或罩色处理后，需要上一层薄蜡，以保持石质的稳定，上蜡所用的原料是以四川白蜡 65%和东北软蜡 35%掺合溶化而成的中性蜡块。

上蜡前，先将石雕加热至100℃～150℃，一般是用电吹风机吹，之后用毛刷蘸溶化了的蜡液薄涂外表，待均匀后缓缓降温冷却，再用软质麻布细心揩擦，直至焕发光泽。

青田石上蜡保存，可以历久而不失光彩，很少有出裂、失亮现象。青田石保养有"喜蜡而不喜油"之说。名贵的青田石在储存保护方面要注意切忌在阳光下暴晒，或储藏在高温环境下，否则颜色易变暗、变淡。目前，一些造假的商贩为了掩饰石头的裂纹，常常在有瑕疵的石头上面涂了一层厚厚的蜡，购买时对此也要引起注意。

黄山松·青田黄金耀石

尺　寸　33厘米×31厘米×9厘米

鉴石要点　黄山松，劈不歪，砍不动，轰不倒！黄山松面临着极其艰苦的生存环境，但依旧挺拔秀美，积极向上。这也寓意人在逆境中要学习黄山松不屈不挠的精神，勇闯难关。

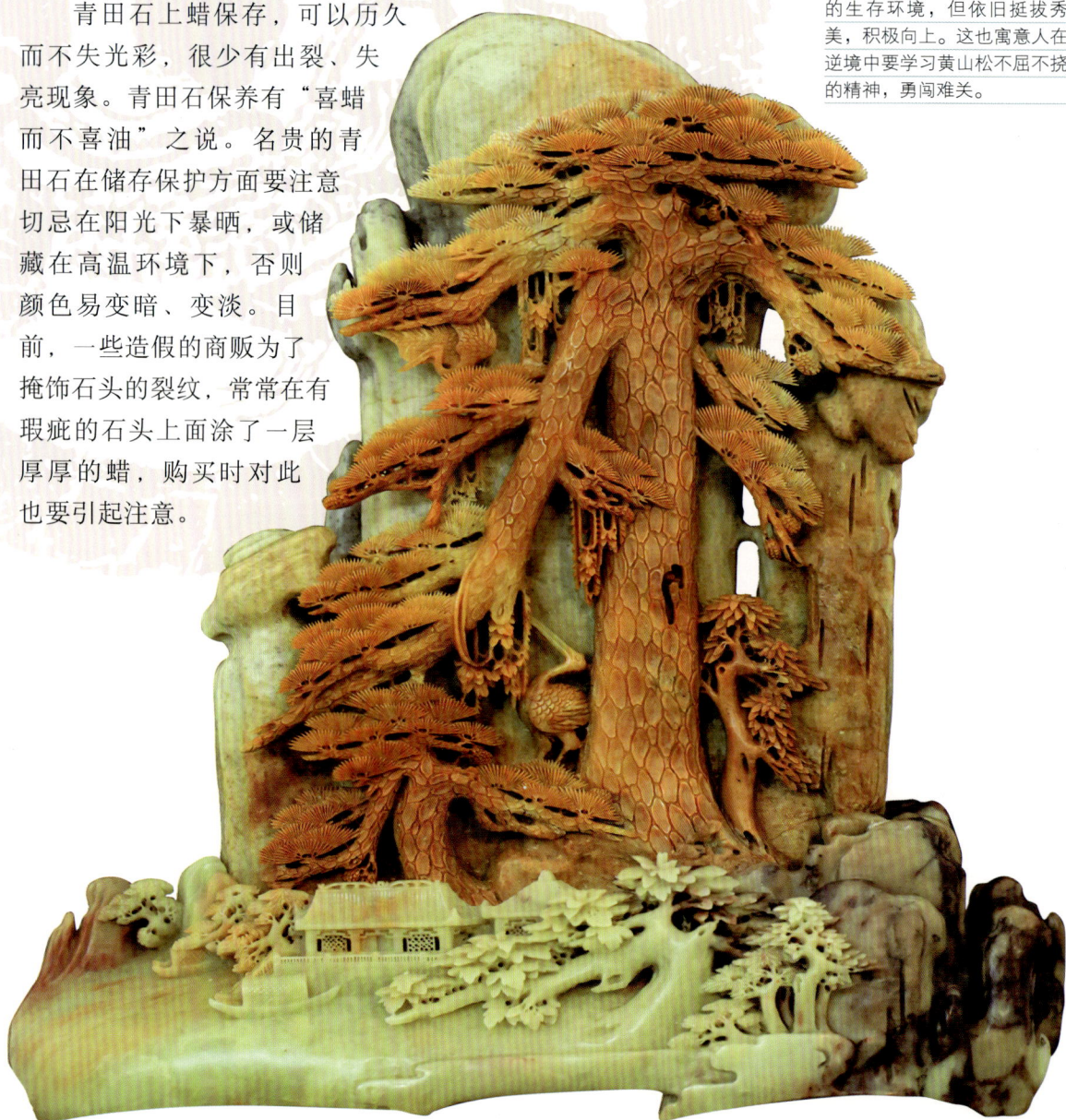

吉祥·青田封门青石

尺　　寸　25厘米×23厘米×10厘米

鉴石要点　丰硕的橘子挂在枝头，水汪汪，黄橙橙，既告诉人们秋天的到来，也有着丰收的吉祥寓意。徐伟军雕刻。

青田石雕的工艺特点

青田石雕作品五彩缤纷，玲珑剔透，形神兼备，主要工艺特点体现为以下三个方面。

因材施艺，因色取俏

青田石雕的价值首先取决于原料的质地，也就是说，青田石原料是青田石制品优劣的先决条件。石雕艺人在创作构思时，必须强化青田石原料自身固有的特点，利用或避开原料的局限性，突出它的天然美，才能具有艺术创作的独特性。因材施艺就是从青田石的料性、颜色、形状等出发，最大限度地利用石料，尤其在人物、花鸟、花卉、动物创作中更是如此。青田石色彩丰富，变化多端，因色取俏就是借助于雕刻作品的特点，将青田石的颜色自然融为作品的组成部分，红色的红日、鸡冠、果实，黄色的花瓣、树叶、服饰……使其在视觉上更为丰富。

镂雕精细，层次丰富

多层次镂雕是青田石雕常用的一种雕刻方法，这种雕刻方法能够多层次全方位地展示作品的细节，使作品显得自然逼真，栩栩如生，其技艺精湛有别于其他类石雕。青田石之所以适合镂雕是由于其质地细腻温润，内部结构紧密，雕刻师即使雕到薄如蝉翼、细如发丝的极难之处也不会发生崩裂现象。当然，多层次镂雕的技艺也要求雕刻师自身必须具备坚实的技法基础。

题材广泛，手法多样

青田石雕涉及题材十分广泛，举凡自然界万物，不论花鸟、鱼虫、人物、器物、山水，都是青田石雕的雕刻题材。雕刻的表现技法丰富，圆雕、镂雕、浮雕、线刻常常是交互使用，有的写实，形态逼真，生动自然；有的写意，通过夸张、变型、装饰等手法，追求艺术情趣。

幽香·青田封门三彩石
尺　寸　60厘米×48厘米

春·青田封门青石

尺　寸　33厘米×17厘米×9厘米

鉴石要点　"咬定青山不放松，立根原在破岩中。千磨万击还坚劲，任尔东西南北风。"作品构思独特，一棵结实的竹笋破土而出，野蛮生长，与旁边的细竹枝形成鲜明的对比，造型夸张突出，充满了现代画的风格。

国宝三雕

青田石雕、东阳木雕、黄杨木雕被称为浙江的"三雕"，这三种雕刻工艺历史悠久、技艺精湛，堪称"国之瑰宝"。

东阳木雕是以平面浮雕为主的雕刻艺术，其多层次浮雕、散点透视构图、保留平面的装饰，形成了自己鲜明的特色。又因色泽清淡，保留原木天然纹理色泽，格调高雅，被称为"白木雕"。

浙江乐清的黄杨木雕多为工艺品，题材以人物为主，作品主题突出，造型生动，雕刻精巧，层次分明，于精雕细刻中不乏写意流畅。

青田石雕以其本地特有的温润如玉、色彩绚丽、价逾黄金的青田石为主要原料，经过相石、设计、打坯、雕刻、打光、上蜡等多道工艺流程，在青田石艺人经年累月的磨炼中还吸取了木雕、牙雕等雕刻技法，充分发挥"因材施艺、因色取俏"的艺术特色，技艺不拘一格。

万物有情 · 青田红花冻石

尺　寸　46厘米×33厘米×17厘米

鉴赏要点　作者妙道自然，以两根相拥、缠绵在一起的人参为主题，形象生动地揭示了天地万物仁爱才是生生之本。作品示意天地有灵者的人类，应体得此道，参天地之化育，明明德于天下。徐伟军雕刻。

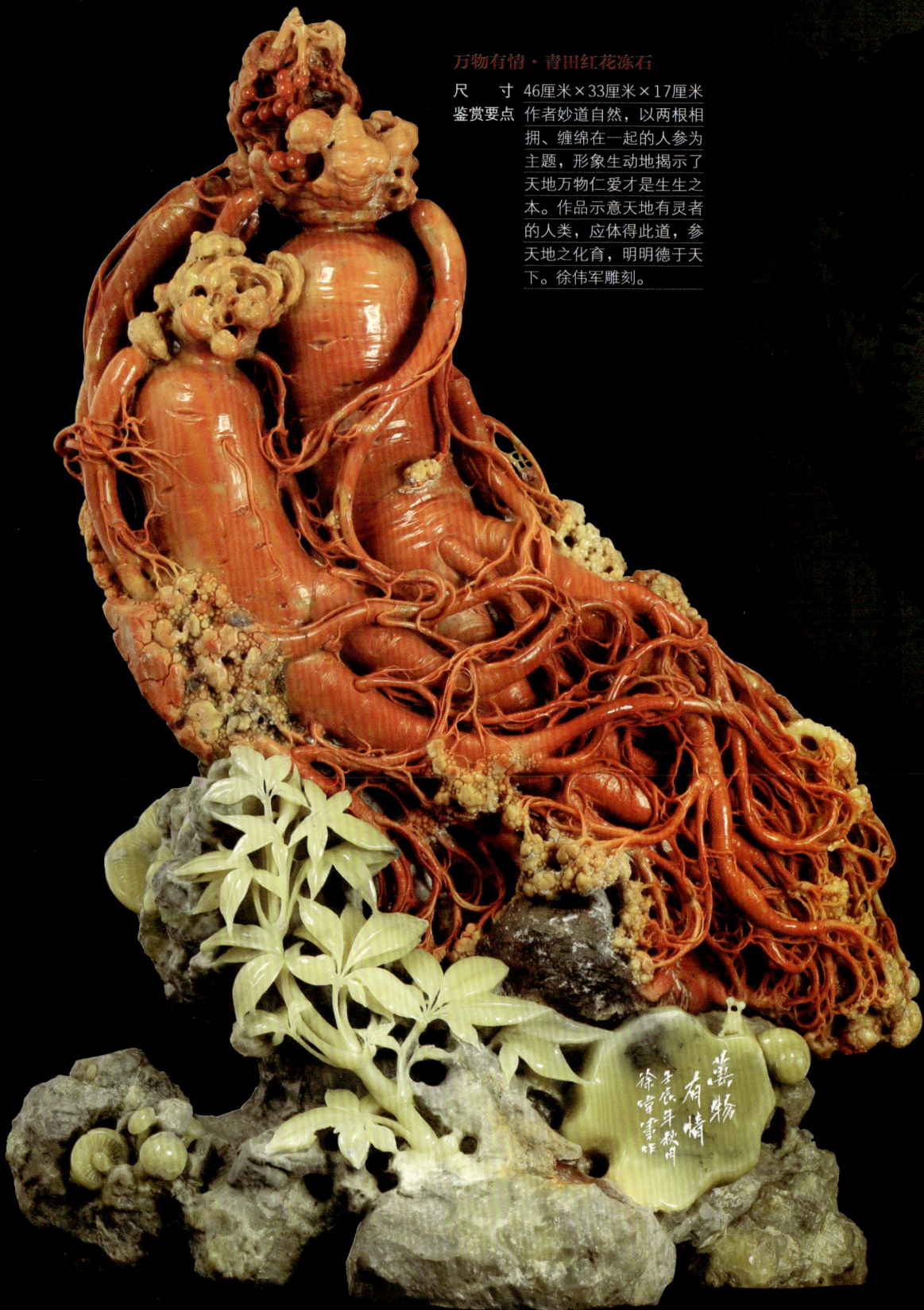

只待春来时·青田彩石

尺　寸　38厘米×29厘米×11厘米

鉴赏要点　石质细腻，颜色艳丽，作品构思巧妙，造型独特，彩色的袋子内绿苗已经迫不及待的生长，枝叶青翠矫健，雕工细腻，看似无声胜有声。徐伟军雕刻。

青田石雕之人物题材

人物是青田石雕的一个大品类，尤其是传统人物的雕刻更是最为常见的题材。从技法上来说，山水、花卉类的雕件最是复杂，下的工夫也最多，但从造型的角度来看，却是人物雕刻最难。青田石雕界常常引用"做人难"这句人生处世的俗语来比喻人物雕刻的困难。因为雕刻人物不但要具有高矮胖瘦的"形似"，还要有表现其喜怒哀乐的"神似"，形神兼备才能体现出其雕刻价值。比如观音菩萨的雕件大多眉清目秀，神态安详，表现出其救苦救难的个性，而专门抓鬼的钟馗则面目狰狞，动作夸张、形态丰富。

雕刻口诀

在青田当地也流传着不少关于雕刻技艺的口诀，如雕刻人物时比例搭配的口诀是："全身七头最相宜，身三腿三脚是一。肩宽为头两个长，臂宽一五不必疑。头面双目中间取，面阔五分眼占二。手按下颌与眉平，眉鼻横平与耳齐。"雕刻人物表情的口诀是："若要笑，眼角下弯嘴上翘。若要愁，嘴角下弯眉紧皱。若要善，观音面。若要奸，三角眼。若要恶，眉眼鼻口挤一撮。"

神话人物

青田石雕的人物多是以传统题材为主，其中又以神话题材为最。这是因为在我国悠久的历史文化中，神话故事作为一种最被大众喜闻乐见的题材而接受，其他民间造型艺术也大多如此。

戏曲故事也是雕刻创作的题材之一，如《白蛇传》、《梁祝》、《西厢记》等，这类题材多表达男女之间为了爱情而勇敢地突破封建枷锁。

佛教题材主要是佛像，如来、观音、弥勒、韦陀、十八罗汉、四大金刚等。佛像的雕刻虽然最为程式化，但雕者并不一定是对宗教的虔诚，买者也不需要去供奉膜拜，大多数仍然是作为一种人物造型的艺术品去欣赏。

取材于神仙方面的单件产品常见的有"老寿星"、"三

古典之美·青田石

尺　寸　32厘米×18厘米×10厘米

鉴石要点　作品主要采用圆雕、镂雕等技法，雕刻一女子立于山石之上，左手扶栏，右手轻抚秀发，背后是一尊花瓶。造型流畅，人物饱满生动。徐伟军雕刻。

星人"、"八仙"、"和合二仙"、"济公"、"钟馗"等；情节性题材有"女娲补天"、"嫦娥奔月"、"仙女下凡"、"麻姑献寿"、"哪咤闹海"、"八仙过海"、"达摩渡江"、"刘海戏金蟾"、"东方朔偷桃"等。这些神话中的人物都是民间口口相传的，驱妖降魔、除暴安良，有积极健康的寓意，千百年来寄托着人们向往美好生活的意愿。

先贤人物

我国人民历来还有纪念先贤的优良传统，因此表现历史人物自然也成了青田石雕的一大主题。这方面人物雕刻最多的有屈原、岳飞、文天祥、郑成功、林则徐、张衡、华佗、李时珍、孔子、李白、杜甫、苏东坡、王羲之和花木兰、穆桂英、梁红玉、王昭君、蔡文姬、西施等，还有一些脍炙人口的历史故事，如"将相和"、"苏武牧羊"、"竹林七贤"、"貂蝉拜月"等等。此外，取材于《红楼梦》、《水浒》、《西游记》、《三国演义》等古典文学名著的人物题材，则更是丰富多彩，层出不穷。

不老松·青田石
尺　寸　22厘米×28厘米

老有所乐·青田石
尺　寸　14厘米×22厘米

故事人物

一般来说，雕刻人物选色以人物的脸部为全纯色，接着安排头，身体，手脚，因材施艺进行创作。人物产品的形式也有多种，有单个像、群像、拼堂像(指几个单个像凑在一起成为一"堂"，不是在一块料上雕出，如"八仙"、"三星"、"十八罗汉"、"唐僧师徒"等)。凡佛像类和单个的神话人物，雕刻技法大都程式化，属普及品；有故事情节性的人物多属创作品，少受固定的程式所约束。一些反映现实生活风貌的新题材，则更需吸收一些科学的方法，讲求人体比例结构和运动规律，并与传统技法相结合，进行精心的制作。

山水人物

还有一些同山水配合的人物作品，如"竹林七贤"、"三顾茅庐"、"渔樵耕读"、"松下问童子"等。这些作品必须交代其典型环境，名为人物题材，实则是寄情于山水之景，情景交融，耐人寻味。

达摩·青田石

尺　寸 18厘米×26厘米

鉴赏要点 达摩是"菩提达摩"的简称，中国佛教禅宗创始人。相传为南天竺人，南朝宋时从古代印度航海到广州，转至南朝都城，因与梁武帝面谈不契，遂渡江北上，先到洛阳，后住嵩山少林寺。"九年面壁而坐，终日默然"，最终创立禅宗，成为中国禅宗初祖。

历史人物

人物创作素来是石雕创作的难点，但青田石雕艺人勇于探索，挖掘历史题材和革命题材，从单一的人物创作到复杂的群体形象塑造，取得了卓越的成绩。近代周芝山、周旭卿、尹阿岩名播四海；当代潘雨辰、林挺椒、杨楚照、林福照、张爱廷蜚声遐迩；青年艺人张志然、尹松平、徐永丽、傅献军、张爱光、陈小甫、林祖圣、麻成昌均出手不凡。

童趣·青田石

尺　寸　24厘米×27厘米

童子戏佛·青田封门青石

尺　　寸　19厘米×11厘米×6厘米

鉴赏要点　作品主要采用浮雕技法，雕刻童子戏
　　　　　佛的传统题材，质地莹洁通灵，佛主
　　　　　喜笑颜开，憨态可掬，3个童子形态
　　　　　各异，调皮可爱。

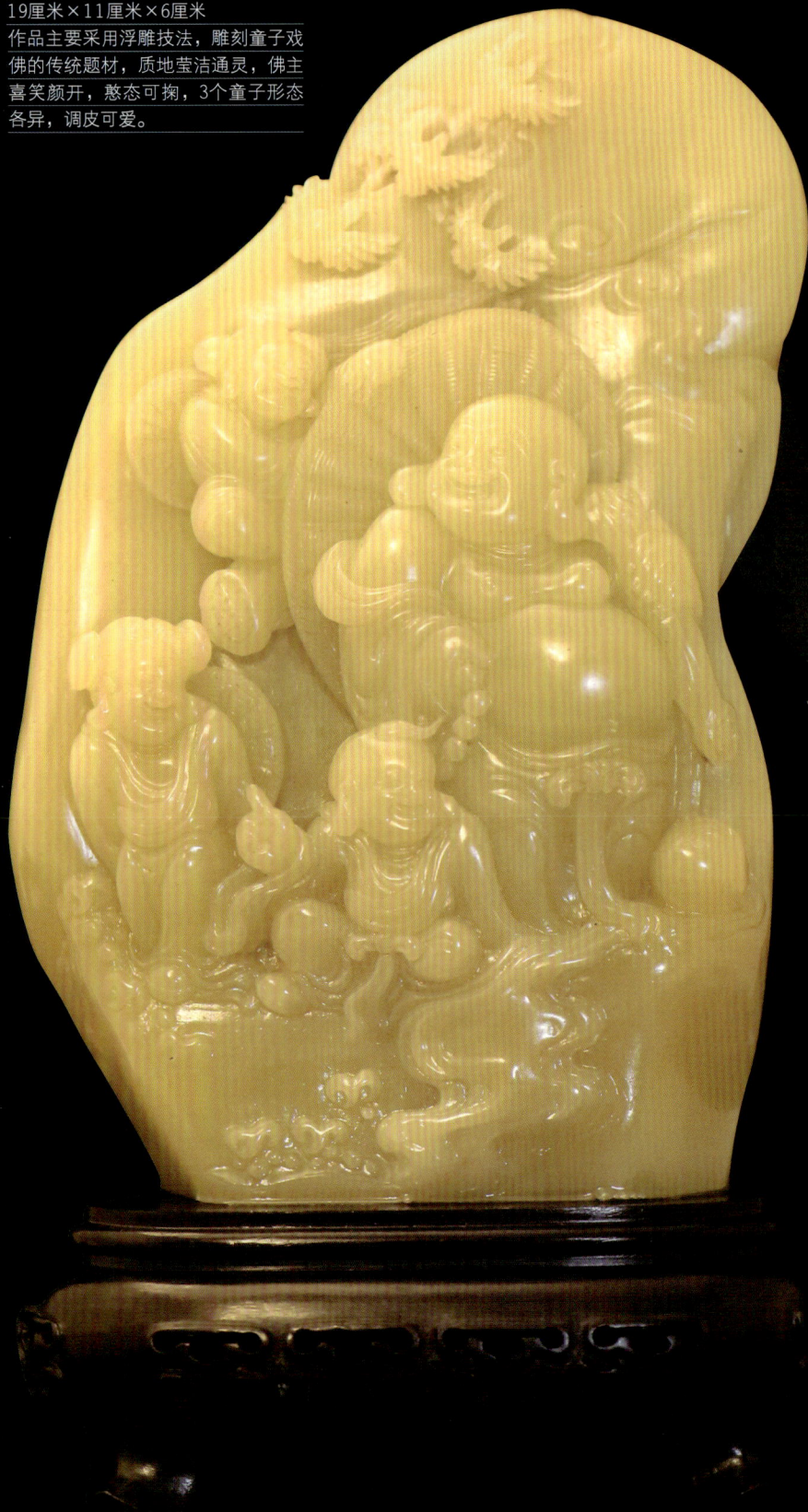

如意弥勒·青田封门青石

尺　　寸　12厘米×13厘米×9厘米

鉴赏要点　大肚能容容天下难容之事，笑口常开笑世间可笑之人。作品主要采用圆雕技法，弥勒佛左手持如意右手盘佛珠，端庄在蒲团之上，袒胸露乳，慈眉善目，仰面长笑，憨态可掬。

青田石雕之山水题材

山水是青田石雕出现最迟的一个品类，这种工艺多表现山水人物题材。制作时先按石料的形状、光泽、绺裂进行构思，除去瑕疵，掩其绺裂，顺其色泽，务使料质、颜色，造型浑然一体，然后按"丈山尺树、寸马分人"的原则，在玉石料上或浮雕或深雕，使山水树木、飞禽、楼台、人物等形象构成远、近景的交替变化，以取得材料、题材、工巧的统一。

发展历史

青田石雕的山水历史虽然最短，但它的技艺进展却是最快的，晚清时期山水还是很幼稚的，格局单调、平板，一般只是前面一排树和几座凉亭，树后一片平平的山岩，没有远近景区之差，山岩不分，主次不明，带有明显的花山式雕刻痕迹，而且在树木的雕刻中洞法和刺法也基本上是施用花卉洞刺法。

进入民国以后，山水技艺有了迅速的进展，形成了自己应有的格局，相应地产生了雕刻山水的一整套技法，尤其是放洞和用刺更有与花卉不同的自身特点。

中华人民共和国建立以后，艺人们的视野进一步开阔，山水的雕刻技法又有一次飞跃，技

一帆风顺·青田石

尺　　寸　60厘米×40厘米
鉴石要点　风吹船帆鼓，剪浪疾远行。
海面上巨浪翻滚，大船乘风破浪一路前行，寓意人生与事业均"一帆风顺"。

江南春色·青田石

尺　寸　50厘米×30厘米

鉴石要点　江南春色把人留，满城尽带黄金花。清清爽爽的初
春，正是踏青赏花好时节，高山青松，小桥流水，
一派旖旎风光。

艺更加纯熟，作品更接近自然造化。

造型特征

青田石雕山水的造型特征是形薄，一切都是扁的，山扁、树扁、屋扁，侧面看是片状，因而是单面观，是立体的工笔山水画。有横式、立式(高峰式)、插屏式和园林式。还有山水花瓶，是扁圆形的瓶体前面雕饰不厚的一层山水风景，犹如瓷瓶之绘山水，只不过后者是画上去的平的，前者是雕出来的，有一定的厚度凸出。园林式以树亭为主，没有山峰，只是一些假山岩为衬托。

玉山子境界

山子是利用青田石的自然形态，因形赋形，雕琢山水人物，称为玉山子。这种造型有的小巧，可几案陈设，有的重千斤，置于室内堂馆，气势宏伟。

山子在设计中随料立意，可简单，可复杂，可浮雕，可深雕，可山水人物，可楼台殿阁、草屋石洞，可牛马动物、翎毛花卉，在远近景散点透视中，布局描绘，以取得材料、立意、加工方面的统一。

因此，玉山子造型自由性较大，可以尽情发挥设计者用料的天才，使作品更富有诗情画意。

山水雕刻名家

青田石的山水创作方面，近代以来，以林赞卿、金精一等一代名师为代表，下启杜正清、韩占鳌、叶守足、林达仁、叶楝荣、周悟青、牛克思以及青年艺人林观博、潘克照、李大白等，他们的艺术创作，时时体现着时代风貌，作品内涵丰富，情趣盎然。

水墨丹青·青田龙蛋石

尺　　寸　31厘米×27厘米×20厘米

鉴赏要点　作品巧妙地利用了石材的颜色，雕刻山水树木，犹如一幅中国的水墨丹青画，晕染有序，浓淡相宜。徐伟军雕刻。

一览众山小·青田黄金耀石

尺　　寸　24厘米×20厘米×14厘米

鉴赏要点　作品构图清晰简洁，雕与不雕恰到好处，不雕处突出"清"，精雕细琢处渲染"秀"，两山之间深邃的"虚空"则把意境无休止地延伸。徐伟军雕刻。

高屋建瓴·青田黄金耀石

尺　　寸　21厘米×27厘米×12厘米

青田石雕之花卉题材

花卉是青田石雕最主要的一大品类，它的历史悠久，从事雕刻的人最多，用青田石雕界最擅长的镂雕刻画出诸多栩栩如生的作品，奇峰插云、飞瀑争流、层峦叠翠、飞檐花窗，万种景象历历在目，这就是巧妙地运用了镂刻技法而产生的特色效果。近代以来青田石雕能蜚声于世，也是以花卉雕刻产品的影响为最大。花卉雕刻的形式可分为两类，一种是作为观赏的摆设类，另外一种是日常使用的实用类。

花团锦簇 · 青田红花石

尺　寸　22厘米×43厘米×10厘米

鉴石要点　"迟开都为让群芳，贵地栽成对玉堂。红艳袅烟疑欲语，素华映月只闻香。"满盆的花朵含苞待放，似开非开，令人期待。

"花山"式

摆设类的雕件主要是"花山"式，造型大都为扁形，有正面、背面之分，正面是一丛花，背后依傍假山或变形的树桩，当中镂空并洞穿背面，使其玲珑透孔。

有"牡丹花山"、"菊花山"、"梅花山"等，凡是适宜于雕刻的各种花都可以作为雕刻的对象。如系花鸟相配的又有"凤凰牡丹山"、"鸡菊山"、"梅鹊山"等。还有"葡萄山"、"松鹤山"、"竹山"和"岁寒三友山（松竹梅）"等。

同"山"式稍有区别的是插屏。插屏更扁且薄，屏板不透而平，但花株和屏板之间也要镂空，一般不搞浮雕式。另外尚有各种花篮、果篮、菜蔬篮和花果盘类。

这些"篮"类产品是没有假山依托的，立体中空，四周都雕，但一般也有左右前后之分，仍是扁形的。扁薄造型是青田石雕产品的主要形式。

实用派

实用类主要有花瓶类、盘类以及其他综合性的产品。青田石雕实用性产品不多，这是因为它的材料并不坚韧，容易破碎，分量又较重，不宜做经常拿动的实用性强的东西。

花瓶有圆形和扇形，圆是真正的圆，是瓷器瓶类的移植产品，款式可以多样，有长颈、短颈、葫芦颈，直口、喇叭口、荷叶口。花卉装饰大都采取折枝缠颈式，即在瓶颈部位绕上一圈剪裁式的花卉。

花卉雕刻名家

花卉创作是青田石雕创作的强项，其精湛的镂雕技艺令世人赞叹不已。现代以来，从正面镂雕到立体镂雕，从单一的花类创作到复杂的花鸟群体创作，无不体现了青田石雕艺人艰辛的摸索。近现代以来，张仕宽、林如奎、朱正甫、吴如乾、倪东方、林福照、周百琦、留秀山、张梅同、蒋伯洪、林伯正、周金甫、林青民、黄银松等老中青三代艺人的创作实践，已经将青田石雕花卉创作推向一个新的高峰，受到世人瞩目。

新生·青田龙蛋石

尺　　寸　20厘米×13厘米×8厘米

鉴石要点　一粒桃核原本已经被人弃于尘埃，但因舍不得这世间的繁华，于是经过万般的努力，终于有一天新苗从内部破壳而出。徐伟军雕刻。

蕙质兰心·青田封门青石

尺　　寸　36厘米×27厘米×14厘米

鉴赏要点　长于悬崖峭壁，吮自然之雨
露，历宇宙之风霜，沐日月之
光被，得天地之灵气。高雅素
淡，独放幽香。整个作品造型
简约大方，寓意深厚。

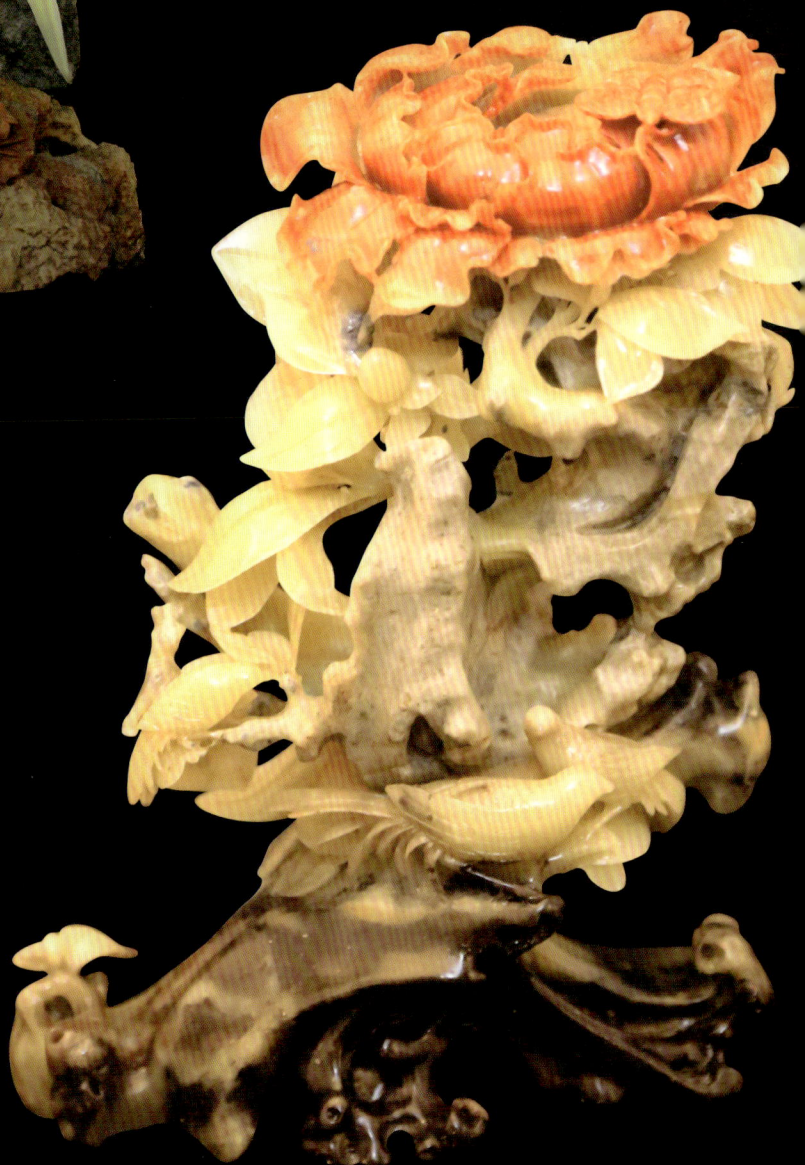

鸿运当头·青田红花石

尺　　寸　18厘米×14厘米×7厘米

鉴赏要点　俏色巧雕，红色的花朵与黄色
的花瓣对比鲜明，由于盛开的
红花位于整个作品的顶部，也
有"鸿运当头"的寓意。

蝶恋花·青田黄金耀石

尺　　寸　33厘米×28厘米×16厘米

鉴赏要点　梅花迎风绽放，作品利用黑色
　　　　　的皮子巧雕两只飞舞的蝴蝶，
　　　　　取名"蝶恋花"。花影孤独，
　　　　　蝶魂寂寞，只是因为有了蝶恋
　　　　　花，才有了相伴的依恋。

梅艳争春·青田石

尺　　寸　22厘米×32厘米

青田石雕之动物题材

与花卉、山水类雕刻作品的数量相比，动物是青田石雕一个很小的品类，雕刻也不大普遍，其技艺与花卉山水相比也较为逊色。

造型手法

动物雕刻的造型手法，不外是写实和写意。写实，就是注重动物的实在形象，较为真实地刻画以反映其全貌。写意是以比较夸张、变形的方法突出动物的典型形象特征。

种类繁多

动物题材的种类繁多，走兽有虎、狮、豹、狼、熊、鹿、象、犀牛等；牲畜有马、牛、羊、猪、骆驼等；宠物有狗、猫等；小动物有兔、鼠、龟、青蛙、蝙蝠等；虚构的神兽有龙、麒麟、天禄、辟邪等。

形式多变

产品形式有单雕、群雕和组合式。如马有单匹马、群马，"八骏马"可以分开雕八匹不同姿态的单马，然后摆在一个座垫上，成为组合式。"十二生肖"就是十二件不同的小动物摆在一起而成一副的。组合式就是化整为零地分开雕刻，完成后拼在一起，这样制作较为省力，取料亦便。

赏析实用双结合

动物产品大多是以摆设欣赏为主，结合实用为次。能结合实用的有狮子香炉、纸镇和图章上的钮饰等。青田石雕动物产品有一与众不同的特点是小的特小，一些普通的大类货猫、狗、鸡、鸽只有2～3厘米大，最小的象、猴还不

牛气冲天·青田封门石

尺　寸 41厘米×25厘米
鉴石要点 一头矫健的雄牛站立在山崖边上，体型硕大，牛角坚挺，牛头高仰，牛气十足。

足1厘米，称为"象米"、"猴米"，数十只穿成一串，颇为别致。这种小产品形象概括，粗拙而不俗，刀法简练，规范而保留其灵巧之感，有一定的艺术性，对利用次料、碎料亦具有意义。

雕艺技法

动物雕刻主要是立体式圆雕，与人物雕刻基本相同。产品造型也是扁形，因动物多以侧面观为主，产品虽有前后面，但后面也要同前面一样雕，比人物产品更要详细。

雕刻动物时的工具多以凿、雕刀为主，用铲、戳、刨、雕诸法，除配景外，动物本身很少用钻用刺。各种动物都有一定表现特征，在雕琢时多抓住其基本特征。例如雕琢

狮子一定要把狮子头做大，前人总结出"十斤狮子九斤头"的经验；雕琢龙时要其眉皱着像发愁，显得威严；雕琢凤时其眼细长而向上弯曲，显得喜庆；雕琢狮子使其嘴角上翘，显现笑容可掬，这就是人们说的"愁龙喜凤笑狮子"；另外大象的特征是鼻子细长，象牙外露，往往憨态可掬；老虎张口露牙，虎目圆睁，往往是威风凛凛。

石雕名家

青田石雕动物创作虽然数量少，但历史却源远流长，早在南北朝已有小石猪殉葬品。经历代沿革，至当代，叶松长、林耀光等一批中年艺人博取众长，开创动物创作新篇章。青年艺人叶建民、陈长青以雕马见长，林观博以龙凤、张海正以熊龟、陈经平以十二生肖制作初露锋芒。

扭转乾坤 · 青田石（俯视）

尺　寸　52厘米×18厘米

鉴赏要点　两只健硕的牛围着石磨旋转，
　　　　　骨骼健硕，造型威武，寓意扭
　　　　　（牛）转乾坤。

扭转乾坤 · 青田石（平视）

清晨练习曲 · 青田龙蛋石

尺　寸　38厘米×41厘米×16厘米

鉴赏要点　伴随着清晨的第一缕阳光，几
　　　　　只羽翼未丰的小鸟在鸟巢里引
　　　　　吭高歌，是呼唤外出觅食
　　　　　的母亲，还是表达对
　　　　　天空的向往？整个
　　　　　作品雕工细腻，
　　　　　构思精巧，充满
　　　　　情趣。徐伟军
　　　　　雕刻。

大展雄风·青田蓝带石

尺　寸 27厘米×25厘米×13厘米

鉴赏要点 作品以石头自然的色彩来表现老虎的斑
纹，深林的山岗上，高大威猛的老虎一声
长啸，啸声响彻山林，百兽为之震颤。

青田石雕之印章题材

作为中国特有的一种传统民族艺术，印章起源悠久，距今已经有3000年左右的历史。最早的印章是古代的官印，官吏们随身佩带在身上作为信物，以证明自己的身份。印章的另一个用途，是作为封检时盖在"封泥"上，用以做记号用的。

历史渊源

秦始皇统一六国后，对印章的使用，定下了很严格的制度：皇帝所用的称为"玺"，臣下所用的或称"章"，或称"印"，名有专称，不能混淆。经过3000年的发展，印章也因此而沉淀形成了其独特的美学体系——印章"三美"，即印面篆刻美、印钮雕刻美以及印材美。除此之外，印章的价值与历史题材、文化底蕴、名人效应也有很大关系。

明代篆刻家吴日章认为："石宜青田、质泽理疏、能以书法引乎其间，不受饰、不碍力，而见笔者，石之从志也，所以可贵也。"这种细腻的石质，柔润脱砂可以使印家更好地发挥其篆刻的技艺。另外，它的耐温，致密，极强的吃油附色性，使得印章清晰且不退色。在古代，青田石不但为皇宫御用之珍品，文人雅士之至爱，而且博得历代朝臣、将领的青睐。在当代，国画大师吴昌硕、齐白石、潘天寿都十分钟爱青田石，多用青田石治印。

太狮少狮钮章·青田红花石

尺　　寸　14厘米×14厘米×37厘米

鉴石要点　印钮雕刻太狮少狮，线条飘逸圆润、简练浑朴，造型丰满，四肢健硕，立体生动。太狮双目圆睁，少狮攀爬嬉戏，顽皮灵动。

钮式特点

青田石印章中一般有三类钮式：一种为平头式印章，保持印章的原貌，不加任何雕饰，这是印钮的主体，约占65%。一种是斜头式，也称斜头式印章，加工时原石有斜角，简单地磨掉印顶棱角即可，待买主去雕饰或不雕，这类印钮约占10%。最后一种是雕钮式，雕钮式印章约占25%，这是根据古代印章的形式而继承下来的。

钮式种类

钮式印章可分为人物钮、动物钮、花鸟鱼虫及其他类。

印钮的雕刻，和其他玉石雕刻一样，也讲究"俏色"（或称巧色）。俏色就是根据原材料的色泽、质地、形态、纹理，选择适当的题材、造型和技法，充分发挥原材料固有的特色，相形度势，设法将石料中的裂纹、沙质等加以巧妙地掩饰，使作品的内容与材料的质地巧妙地结合起来，取得良好的艺术效果。

瑞兽钮章·青田封门青石
尺　寸　2.6厘米×2.6厘米×11厘米，3厘米×3厘米×9.2厘米，3厘米×3厘米×9厘米

青田石雕之器皿题材

制作器皿是青田石雕中最难的工艺技术，在用料、设计、琢磨、抛光方面都有自己的特点。器皿造型最重要的是规矩四称，造型和纹饰协调。

炉

标准炉是圆腹、缩口盖，盖上有顶纽兽，腹两边有兽头耳衔环，下有兽面纹三腿。质量指标是选料干净，琢工细腻，兽纽、兽头、兽面造型大小合适、紧凑、对称。变形炉有荸荠扁炉、五环炉、高庄炉和亭子炉。以亭子炉造型最复杂，工艺技术要求高，变化也大。

瓶

瓶的造型多种多样，有圆肚瓶、观音瓶、齐肩瓶、梅瓶、方瓶、棱瓶、涡角瓶、鸡腿瓶、蒜头瓶、扁瓶、葫芦瓶等。瓶上双耳和盖纽琢以各种造型。瓶身有素的，有周身纹饰的，有开光纹饰的，有浮雕纹饰的，有圆雕纹饰的。瓶膛在光照下可看出和瓶身造型一样。

熏

北方熏的造型一般由五节组成。从上到下分为顶纽、盖、腹、中柱和底座，用螺丝扣拧接组成，有的有九节。顶纽一般雕琢龙、瑞兽首、花头，下衔小环。盖作镂空花，在镂空花中有的开光作浮雕。身有素的、有浮雕花纹的。身上的两耳作镂空雕，有龙、凤、花造型，两耳垂环。中柱随造型变化，可长可短，也可不要，有中柱的一般有四小环。底足以浮雕花饰为主，丝扣在各节中部做出三、四扣，拧紧后，五节熏周正。有的熏足是腿足。

南方熏多链，顶盖之间加节，使顶高竖起来。腹和足之间也加节，纹饰也多，显得玲珑、工大。

其他器皿

仿青铜器和由青铜器变化来的器皿造型有尊、垒、卣、觥、瓠、鼎、匜、爵等，有的造型纹饰很美，常是青田石中的佳作。

器皿上的纹饰有镂空花、顶撞花、阴勾花、浮雕花、光子花，这些花纹的质量要求以搭配协调、线条准确、形象生动、干净利落为准。

一壶春·青田龙蛋石

尺　　寸　25厘米×22厘米×13厘米

鉴石要点　"放鹤去寻三岛客，约梅同醉一壶春。"作品巧妙利用龙蛋石的不同颜色，雕刻一把紫砂壶造型，壶身精雕喜鹊登梅题材，造型别致，意趣盎然。

自得其乐·青田封门青石

尺　寸　20厘米×23厘米×10厘米

第四章

学行家辨真假，

不打眼的石雕鉴定技法

石雕收藏必懂的四件事

收藏就是千军万马挑着担子过独木桥，一头挑着真金白银，一头是历练。自从有了收藏就有作假。唐宋时就有仿制夏商周的青铜器。你不能说那是作假，那确实是尊古。但是，如果把一个东西做了旧，再想办法吸引人来上当，把赝品当真货卖给人家，这叫欺世。所以，如果不想吃亏，先牢记以下要诀。

捡漏防骗局

设局的人有一套完整的编排，你不经意间就入了人家的局。他想把不值钱的东西卖给你，你想花很少的钱买到好东西。造假的人和捡漏儿的人PK，多半是造假的人赢。骗子是代代相传的专业行当，所以行骗的方法也是五花八门，让人防不胜防。

十贪九打眼

收藏市场防打眼，重要的就是"戒贪"。古玩界有"十

怡然自乐·青田封门黄金耀石

尺　寸　50厘米×40厘米

鉴石要点　作品采用镂雕技法，雕刻了一幅江南水乡的农家风光，巨大的水车放置在茅屋外，屋内一孩童正和奶奶向外张望着满载而归的爷爷……一幅怡然自乐的乡村美景。

贪九打眼"的说法，说白了之所以打眼就是卖家利用买家的侥幸心理，加上自负自大和自作聪明，再给一些甜头作诱饵，又在或仓促或阴暗或诡异的环境下交易，如温水煮青蛙一般逐渐入局，被人卖了还帮着数钱。

收藏是一个特殊行当，收藏界从古至今都有一个不成文的行规：买的就是眼力。收藏交易不像去百货商店买皮鞋，不满意了可以退换。这圈子的人都知道"货钱两讫，举手无悔"的道理。只要你交了钱，离了店，这东西就是你的了，无论它是真是赝，是好是坏，都不能反悔了——如果不幸买到假货，对不起，那是你眼拙，跟店主没关系。错买了假货还要上门讨还，只能是自讨没趣。

丰收·青田石
尺 寸 30厘米×46厘米

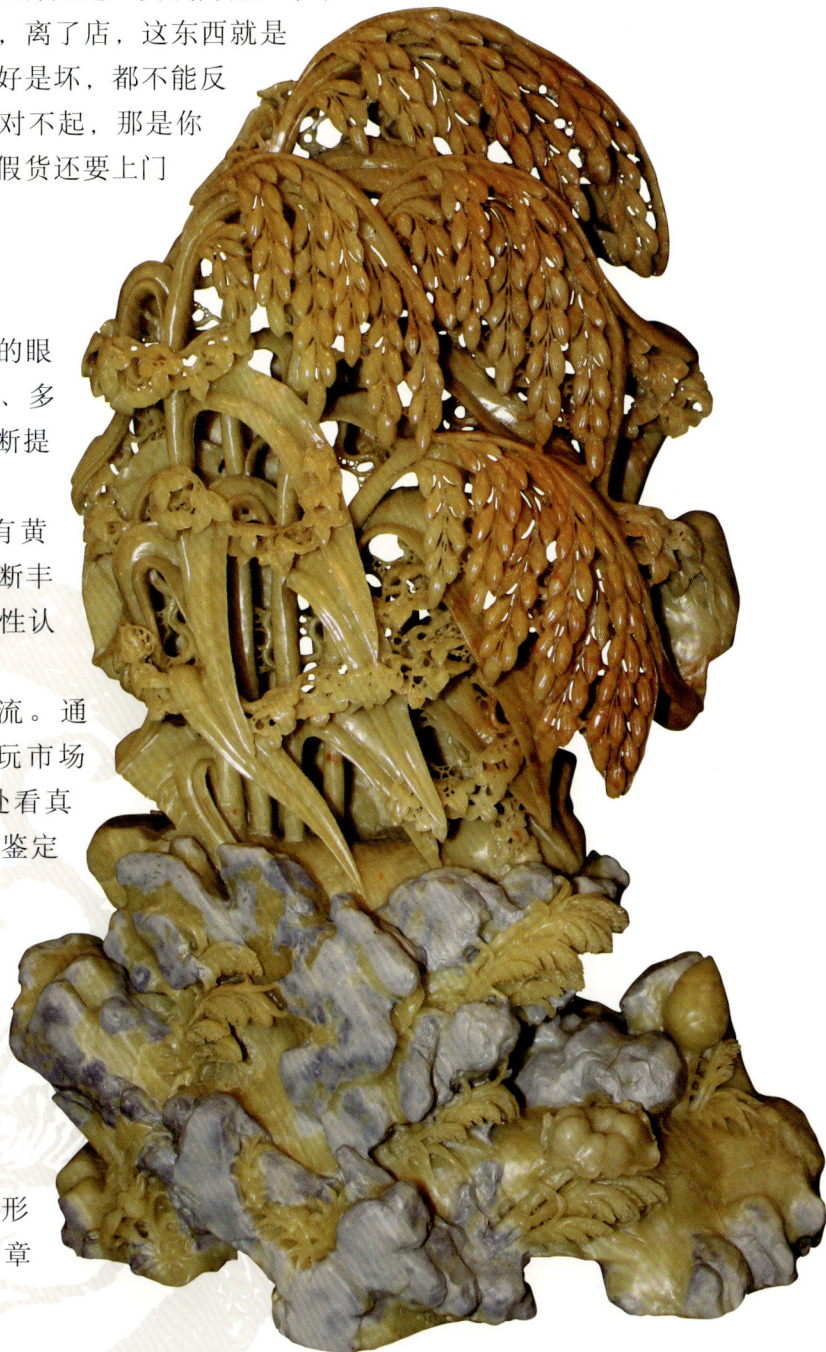

三多提眼力

要想不打眼就要提高自己的眼力，眼高才能手到，只有多学、多看、多交流、多实践，才能不断提高自己的鉴赏能力和鉴赏水平。

首先要多看书。书中自有黄金屋，只有通过博览群书，不断丰富学识，才有助于对收藏的理性认识、理性思考。

其次要多看实物、多交流。通过经常到博物馆观摩，跑古玩市场交流，到藏友和艺术家本人处看真迹、赏精品、才能提高鉴赏和鉴定能力。

最后要多进行专题研究。通过对自己所涉及的藏品种类的专题研究，提高辨别真假、优劣的能力。

下注有讲究

收藏青田石主要有三种形式：一是青田石原石，二是印章石，三是雕件。

雕件价值的最主要因素是原材料，其次是作者的知名度、影响力，再者是作品的工程量、内容和形式，名石本身就具有很高的收藏价值，加上名师、名作的结合，便是令藏家心动的珍品。

原石收藏相对简单些，只要求石种名贵，有眼力的话，还能捡漏。最顶真，要求最高的是印章石，它容不得半点瑕疵，品相好差，价值两者天差地别，上等印石很难见到，一旦出现必是好石者眼中"钉"，倾家荡产也要将其"拔掉"，收罗门下。

事事平安·青田石
尺　　寸　46厘米×30厘米

芳蕊·青田石
尺　　寸　50厘米×50厘米

春华秋实·青田石

尺　　寸 25厘米×35厘米

鉴石要点 春天开花,秋天结果,作品中
　　　　 间是一根粗大的玉米,颗粒晶
　　　　 莹剔透,玉米的周围结着葡
　　　　 萄、果蔬,一派丰收的美景。

传承·青田黄金耀石

尺　　寸　32厘米×24厘米×12厘米

鉴赏要点　颜色艳丽红润，主要采用镂雕技法，枝叶繁
　　　　　茂，花枝下鸟儿正筑巢孵蛋，既是一种生存
　　　　　的方式，也是一种生命的传承。

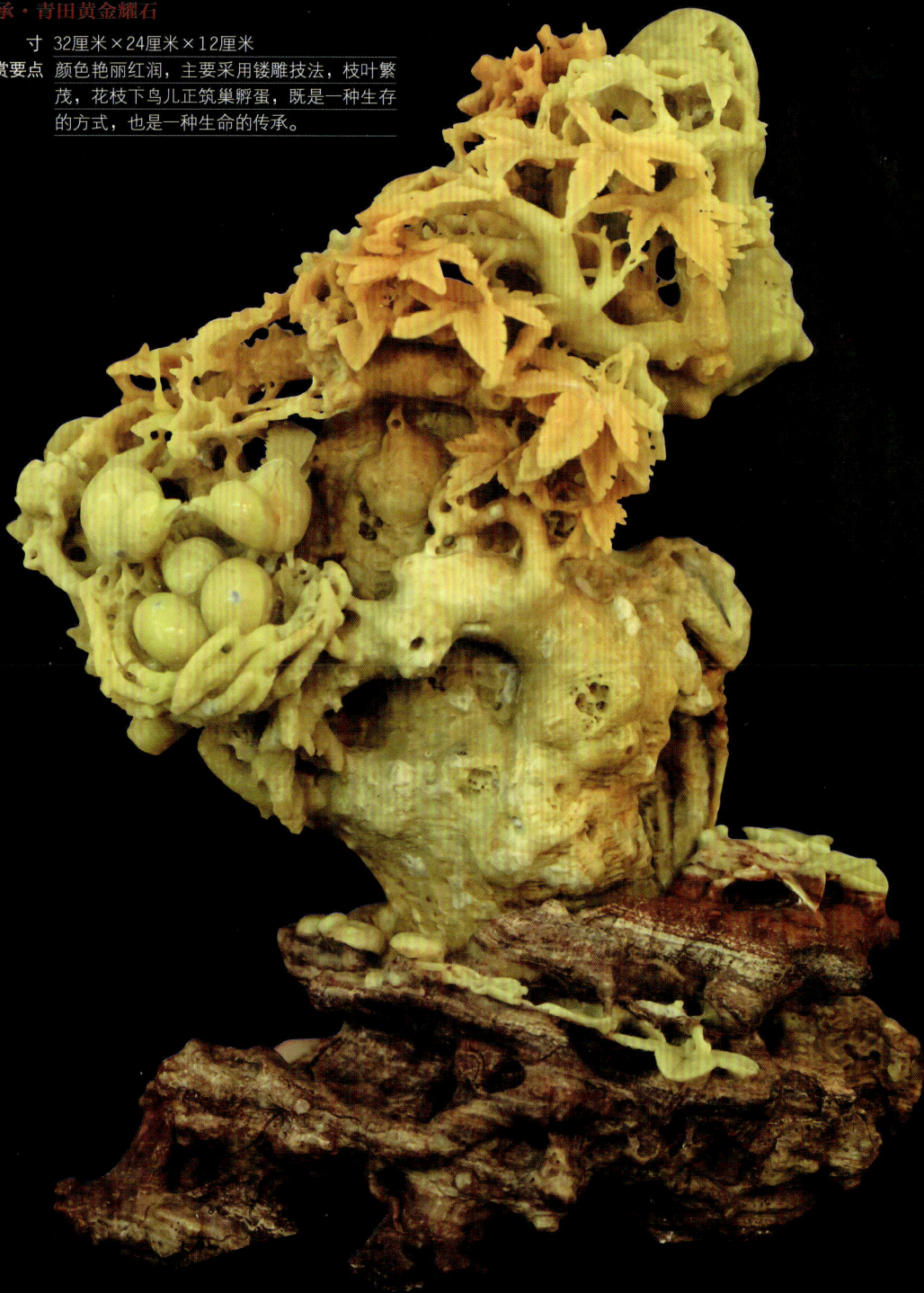

千山红遍·青田红花石

尺　　寸　32厘米×30厘米×13厘米

鉴赏要点　感时花溅泪，恨别鸟惊心。花和鸟从
来就互为影子。花枝招展的春消息尚
未被东风吹透，就让殷勤的青鸟探了
个知晓。麻双鸣雕刻。

青田石雕评价方法

和寿山石等其他印石一样，评价一块青田石的质量要从石头的颜色、质地、净度、块度等多方面来考量。总的要求是质地要细腻，透明度要高，色泽要鲜艳，花纹图案要清晰、美观、无裂纹和砂钉等缺陷，有一定块度，抛光良好。

石料讲究质、色、材

对于石料，可简单掌握"质、色、材"的三字诀。

"质"，地要净、腻、莹；色求纯、正、鲜；材求方、高、大。"净"指的是纯洁度，以洁净无瑕为上品；而"腻"指的是细密度，以致密润滑为上品；"莹"指的是透明度，以通灵莹澈为上品。

"色"就是石料的颜色。青田石色有单色、双色乃至多色混合，色彩的变化也非常复杂，时而浓淡渐变，时而色界分明，从而产生出种种美丽的花纹图案。对于石色的评价与时代习尚、个人爱好有密切的关联，难以划一标准，可谓"仁者见仁、智者见智"。尽管对于色彩各有所好，但是"纯、正、鲜"总为多数鉴赏家认同。

"材"，就是石料的大小与形状，在质色俱佳的前提下，青田石块度越大越珍贵，其价值自然会更高。

生生不息·青田象牙白石

尺　寸　20厘米×17厘米×7厘米

鉴石要点　花生俗称"长生果"，其根绵绵不断，果实累累，寓意"生生不息"。

特征讲究三品级

青田石根据质地、瑕疵等特征可分为三级。

一级品：质地纯净，外表没有瑕疵、内外无裂纹、无杂质。

二级品，瑕疵较少，有很小的裂纹，含有少量杂质。

三级品，有很多瑕疵，内外部的裂纹较多，含较多杂质。

鹏程万里·青田黄金耀石

尺　　寸　35厘米×17厘米×17厘米

鉴石要点　色泽鲜艳，雕工细腻，山势伟岸挺拔，松柏依着峭壁繁茂地生长，不弯不折，挺拔向上，整个作品充满阳刚之气，寓意"鹏程万里"。

青翠欲滴·青田红花石

尺　寸　35厘米×23厘米×15厘米
鉴石要点　作品充分发挥因材施艺及
　　　　　多层次镂雕技艺，给人
　　　　　以颗粒饱满、丰收在望
　　　　　的喜悦。

鸟语花香·青田红花石

尺　　寸 30厘米×48厘米×17厘米

鉴石要点 娇艳的花朵迎风绽放，鸟儿停留在枝头久久不愿意离去，不知是留恋花的清香，还是受花的挽留。

青田石雕的品级评定

青田石雕一般来说，可从材质、颜色、雕工和造型诸方面来鉴赏。

材质

在赏析一件石雕制品的时候，首先要看石头本身的质地如何，有的雕刻匠人为了掩饰石头本身的缺陷，会在雕刻的时候做技术处理，如掩盖裂纹、杂质等，所以在挑选时要对其特别注意。

颜色

颜色丰富是青田石一大特点。天然的各种色彩赋予青田石极大的创作空间，赤橙黄绿青蓝紫触动着青田石雕的创作灵感。而巧色雕刻又是青田石雕不同凡响之处，如青色可雕秀竹、紫色可雕岩藤、白色可雕飞瀑等。

雕工

雕工是技法的体现，没有精湛的雕技，再好的青田石亦无法达到形神合一。

玉不琢不成器，青田石亦然，它的天生丽质只有经过艺人之手，因材施艺，才能充分发挥出来。因为不论是从矿洞开采，还是从田地里挖掘出来的矿块，除了每块石头由于品种、质地、色彩以及自然形态差异而产生不同的原料价值外，绝大多数石头本身尚不具有艺术观赏价值。只有经过石雕艺人精心的雕琢之后才会成为珍贵的欣赏、收藏的艺术品。

目前，很多收藏家喜欢追捧"名家"之作，这是因为名家的作品不论是构思

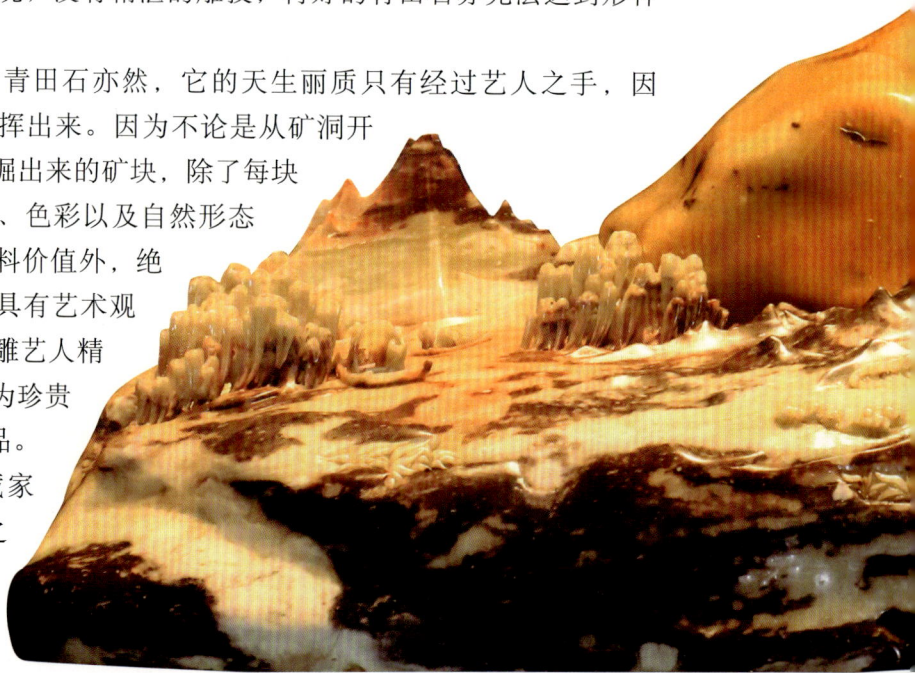

还是技艺都有不凡之处，所以声望高的雕刻家对收藏者有很强的吸引力。

不过，在选择名家的时候也不能一股脑照单全收，只闻其名而不观其艺，更重要的还要看名家的真正功力。另外，每个名家的艺术生命中都有高峰期和低谷期，投资者应瞄准最佳的时段下手。

造型

对于一件石雕来说，造型讲究形象逼真，玲珑剔透，谓之栩栩如生。青田石雕有人物、花果、山水、动物、鱼虫等，一般均采用写实手法，现实与传统的有机结合，实质乃是传承了中国工艺美术创作的传统特色和风格。

轻舟已过万重山·青田黄金耀石

尺　寸　20厘米×62厘米×23厘米

鉴石要点　两岸猿声啼不住，轻舟已过万重山。崇山峻岭间，一叶小舟横穿而过，一高士坐在船尾，悠闲地欣赏着两岸的风景。整个造型端庄大方。

十八罗汉之坐鹿罗汉·青田龙蛋石
尺　寸　18厘米×30厘米×10厘米

十八罗汉之慈善罗汉·青田龙蛋石
尺　寸　18厘米×30厘米×10厘米

十八罗汉之举钵罗汉·青田龙蛋石
尺　寸　18厘米×30厘米×10厘米

十八罗汉之托塔罗汉·青田龙蛋石
尺　寸　18厘米×30厘米×10厘米

十八罗汉之静坐罗汉·青田龙蛋石
尺　寸　18厘米×30厘米×10厘米

十八罗汉之降龙罗汉·青田龙蛋石
尺　寸　18厘米×30厘米×10厘米

十八罗汉之伏虎罗汉·青田龙蛋石
尺　寸　18厘米×30厘米×10厘米

十八罗汉之骑象罗汉·青田龙蛋石
尺　寸　18厘米×30厘米×10厘米

十八罗汉之笑狮罗汉·青田龙蛋石
尺　寸　18厘米×30厘米×10厘米

十八罗汉之阴阳罗汉·青田龙蛋石
尺　寸　18厘米×30厘米×10厘米

十八罗汉之传经罗汉·青田龙蛋石

尺　　寸　18厘米×30厘米×10厘米

十八罗汉之招财罗汉·青田龙蛋石

尺　　寸　18厘米×30厘米×10厘米

十八罗汉之看门罗汉·青田龙蛋石

尺　　寸　18厘米×30厘米×10厘米

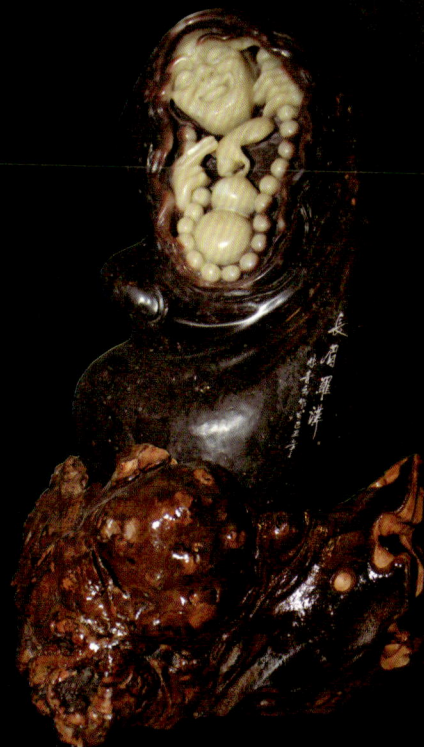

十八罗汉之长眉罗汉·青田龙蛋石

尺　　寸　18厘米×30厘米×10厘米

十八罗汉之布袋罗汉·青田龙蛋石
尺　寸　18厘米×30厘米×10厘米

十八罗汉之芭蕉罗汉·青田龙蛋石
尺　寸　18厘米×30厘米×10厘米

十八罗汉之探手罗汉·青田龙蛋石
尺　寸　18厘米×30厘米×10厘米

十八罗汉之挖耳罗汉·青田龙蛋石
尺　寸　18厘米×30厘米×10厘米

龙腾盛世·青田红花石

尺　　寸　41厘米×42厘米×17厘米

鉴石要点　雕刻精细，题材吉祥，龙口吐珠，宝珠周围有火焰，龙身周围布置缠枝花卉。龙的形象十分威严，周围布置的花卉层次极多，整个器物显得繁复而通透，是同类摆件中的佳品。

硕果累累·青田黄金耀石

尺　寸　31厘米×20厘米×10厘米

节节高·青田黄金耀石

尺　寸　38厘米×24厘米×12厘米

鉴赏要点　竹笋顶破坚硬的土壤，来到美丽的大自
　　　　　然，既是对春的预告，也是生命力的美
　　　　　妙展示。作品对石材、石色利用充分、
　　　　　巧妙，构图严谨、立意新颖。

青山滴翠·青田石

尺　寸 60厘米×29厘米×24厘米

鉴赏要点 崖间石壁上，滴翠的杉树棵棵挺拔向上。这山总有一种与人亲近的美，浓浓的翠绿使人身心瞬间回归自然。拥抱青山滴翠，赋予的便是灵性的焕发、慧根的滋长。徐伟军雕刻。

青田石雕的防伪身份证

为了促进产业规范发展，诚信经营，青田县石雕产业保护和发展局在全国石产业领域首次引入了"身份证管理制度"。从2013年6月1日开始，每一件青田石雕都有自己的防伪身份证明。青田石雕身份证是指每件青田石雕上市时，都有唯一对应的真实反映石雕信息的证书和编号。该身份证由青田县石雕产业保护和发展局授权青田石雕艺术品有限公司颁发，可在中国青田石网(www.zgqtsw.cn)查询。

身份证信息

金蟾·青田紫檀纹石

尺　寸　40厘米×35厘米
鉴石要点　色如紫檀，作者依形就势镂雕一只洞中金蟾，形态威猛逼真，洞口有金钱缠绕，寓意吉祥。

在身份证上注明了品名、石种、规格尺寸、作者、作者的技术职称(荣誉称号)、创作时间、鉴定专家、出证日期、编号(二维码)以及其他需要说明的内容。

这有助于让石雕爱好者更好地"读懂"、"读透"石雕，从而使青田石雕作品件件有据可查，人人明白消费。据了解，青田石雕身份证适用于采用青田石雕技法创作的石雕作品、印章。只对创作工艺进行了严格规定，并未限制外地石种进入青田石雕市场。

处罚规定

《青田石雕身份证管理制度》对于未按程序办理的行为也制定了严格的处罚规定。如青田石雕身份证制作申请人，如提供虚假情况和资料，致使青田石雕身份证结果失实的，青田石雕主管部门可以宣布该证无效，责令退货或赔偿。对申请人视情况作出警告、曝光、列入黑名单、市场禁入等处罚，并与诚信记

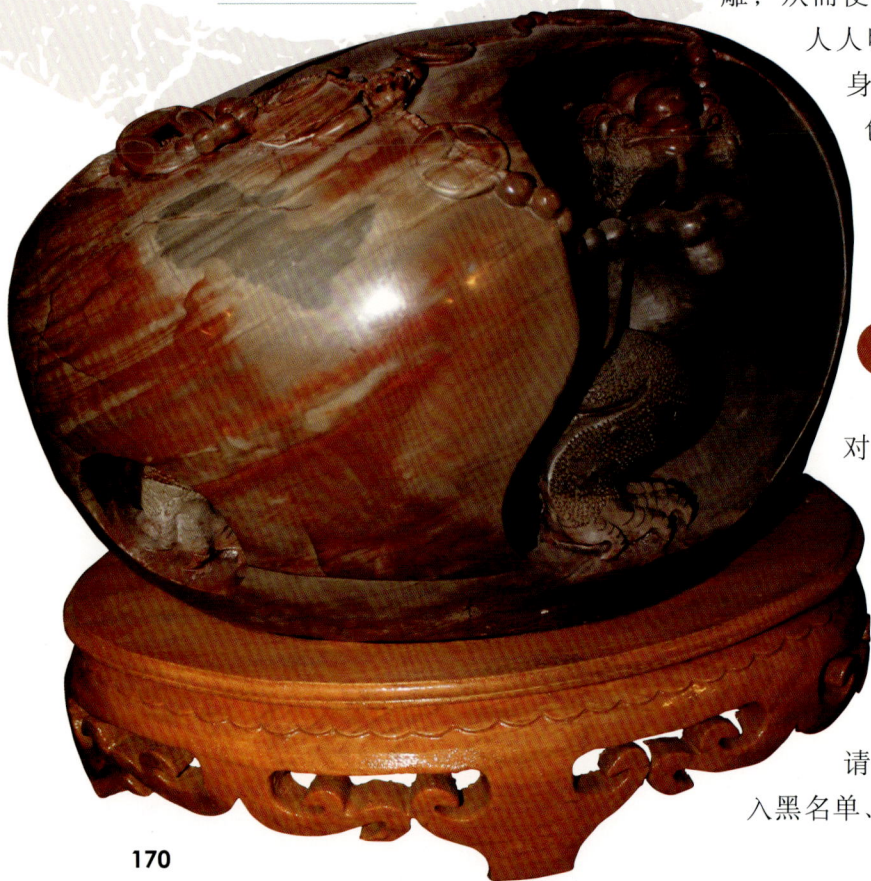

录、星级商铺、职称评定、荣誉评定相挂钩。

协会认定

从事青田石雕身份证的鉴定专家由青田石雕主管部门会同石雕行业协会协商认定。鉴定专家把关不严，致使身份证结果失实的，青田石雕主管部门可以宣布该证无效，根据情节轻重给予警告、取消资格等处理，并责令协助消费者维权。

指日高升·青田黄金耀石

尺　寸 38厘米×32厘米×11厘米

鉴石要点 石质细腻温润，颜色艳丽，镂雕楼榭、松柏、仙鹤、高士，顶部一轮红日，寓意"指日高升"。

梅竹双清·青田封门青石

尺　　寸　32厘米×25厘米×10厘米

鉴石要点　梅干苍劲，梅花静雅娟秀，旁边的竹子挺拔秀丽，婀娜多姿，梅与竹清艳双绝，整个作品构图简洁，悠然出俗。

迎客松·青田石

尺　　寸　50厘米×60厘米

花团锦簇·青田封门青石

尺　　寸　44厘米×32厘米×17厘米

飒爽金秋·青田黄金耀石

尺　　寸　25厘米×35厘米×13厘米

鉴石要点　秋日里，山石、树木、房屋均是一片黄澄澄的景象，仙鹤落在松柏的枝头，既有飒爽金秋的意味，也象征着"人寿年丰"的荣景。

石雕长寿的养护要诀

　　首先是三避：印石，石雕收藏品应避晒、避风、避尘。印石多为软石类，温润细嫩，故应避免阳光直射或风吹，以免印石变色，变质，而出现褪色、裂纹。灰尘多了会损害印石、作品的自然神韵，因此最好能置于玻璃橱内，既便于观赏又利于保存。

　　其次是养护。印石、印雕有的是未加雕刻的素章，有的虽经雕刻但较整体、浑厚，手感舒适，可经常置于手中，反复摩挲，愈久则愈光愈妙。如果藏品较多，可用封蜡法保养、即将印石、印雕加温后涂上一层薄蜡，用软布擦亮。对一些收藏时间长，已"褪光"的石雕作品，可先置温水中清洗，在水中加入适量的清洗剂，用软毛刷除去作品表面及洞孔中的灰尘，用清水洗净、阴干、加温、封蜡，即可使作品如新。除少数耐热性差的硬石外，最好不要用植物油养护，因油质粘手，有碍玩赏；油易挥发，光泽不耐久；日久油垢难除，影响美观，故还以蜡封为好。

九应真 · 青田封门青石

尺　　寸　17厘米×21厘米×11厘米

鉴石要点　应真是得道高僧的代称，九应真就是指九位高僧，寓意法力无边，神通广大。

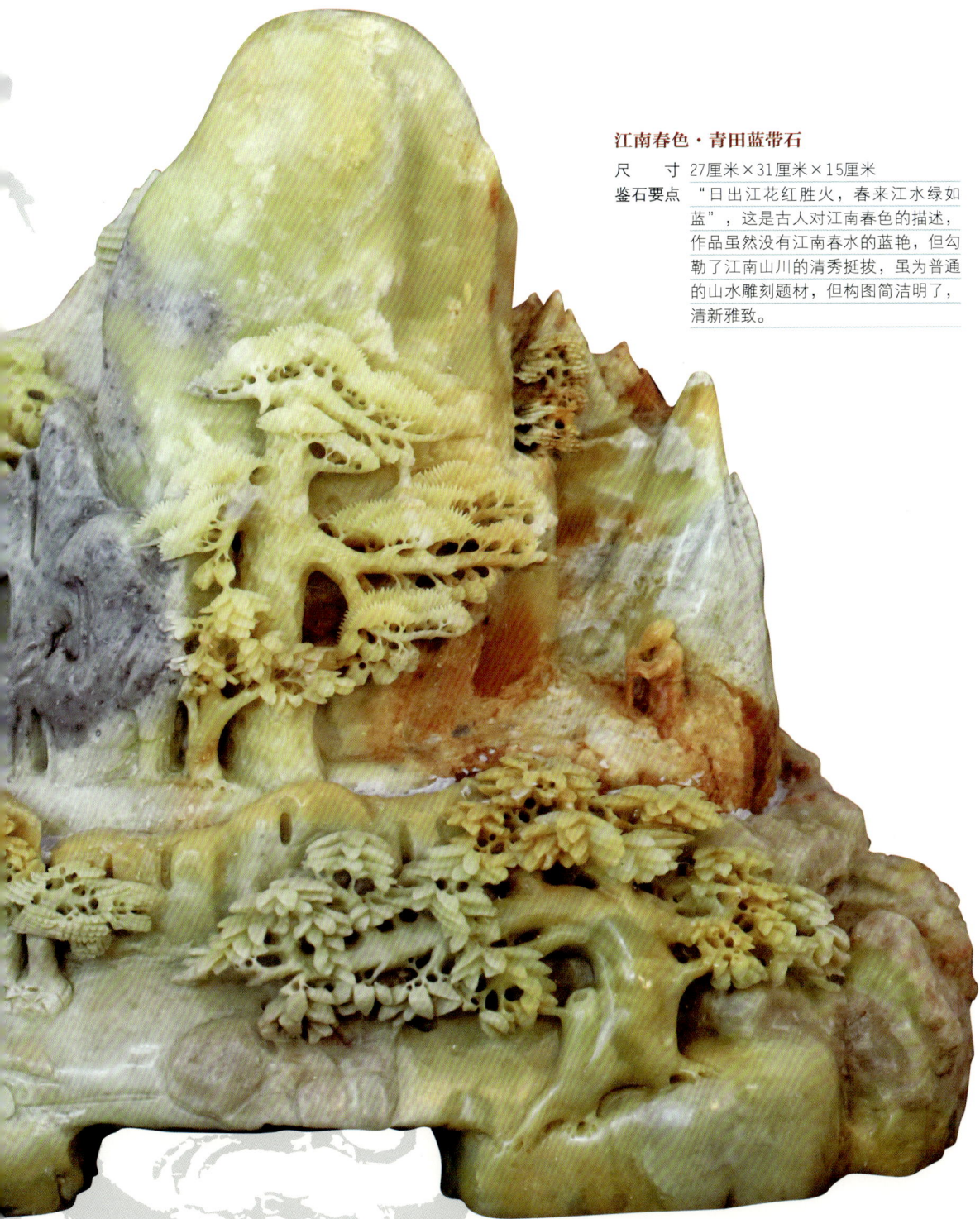

江南春色·青田蓝带石

尺　　寸　27厘米×31厘米×15厘米

鉴石要点　"日出江花红胜火，春来江水绿如
　　　　　蓝"，这是古人对江南春色的描述，
　　　　　作品虽然没有江南春水的蓝艳，但勾
　　　　　勒了江南山川的清秀挺拔，虽为普通
　　　　　的山水雕刻题材，但构图简洁明了，
　　　　　清新雅致。

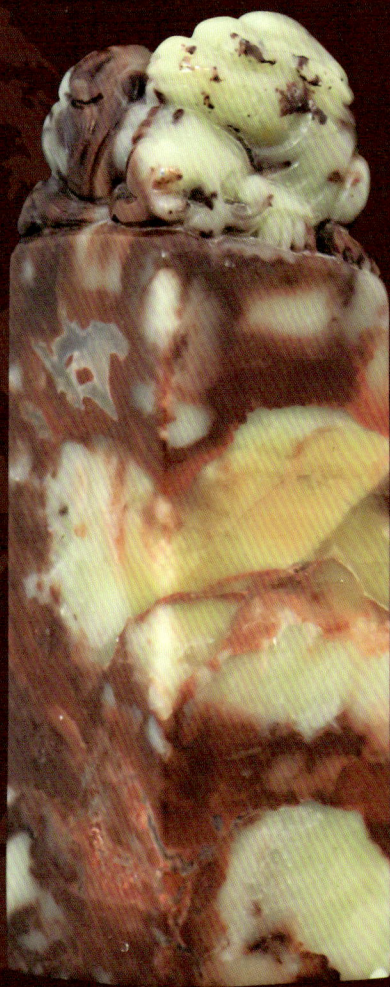

狮钮印章 · 青田红花石

尺　　寸　3厘米×3厘米×10.5厘米

第五章

学行家识真品，

不吃亏的印石淘宝技法

印石的选用技巧

石质印材具有双重价值，从实用的角度来看，它可以用于镌刻印章，但上好的印石本身又是一件令人赏心悦目的艺术收藏品，拥有者观赏把玩会心情愉悦，具有延年益寿的功效。因此自古以来就有"一印在手、金石同寿"之说，将印石存在的意义提高到了人生吉祥的角度。

查明印石产地

对于篆刻艺术来说，如何选择印材是一门学问。在着手选择印材时，一般首先要弄清印石的产地。

我国印石产地很多，除了比较出名的青田、寿山、昌化、巴林"四大名印"外，还有辽宁、甘肃、新疆、四川、贵州、山东、湖南、湖北、云南、广东和台湾等地出产的石头也非常适合做印章。而不同坑口、矿洞，不同名称的品种石更是数不胜数。这中间有许多印石，尽管坑口有别、名称各异，甚至产地不同，但外观颜色，质地差别却很小，若非原产地第一线的石商、石农，一般人是很难区别的。任一产地，坑口所出之材，都是优劣互见，悬殊很大。

看透印石质地

在确定了印石的产地之后，观察印石本身的透明度和洁净程度很重要。通常情况之下，一块印石的透明度越高，其洁净度相对也高；石质越是洁净，它的纹理必然越是细腻，容易受刃进刀。

在具体挑选印石时，还应留心石中有无砂钉或裂纹。所谓砂钉，是指夹生在印石中大小如钉眼的硬粒，其粒虽小，却坚硬无比，令人无法下刀。

石中有裂纹的情形更多，近年来石矿开采多用炸药，打磨成形后即漫浸于油蜡，由此形成的暗纹

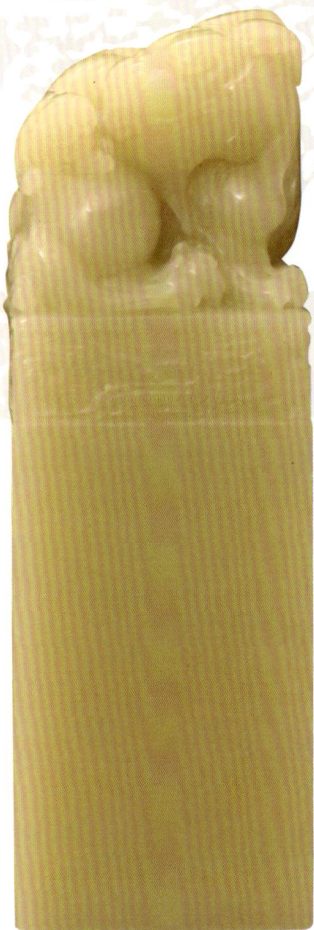

太狮少狮钮章·青田封门青石

尺　寸　3厘米×3厘米×8.5厘米

令人难以察觉，所以更应注意。

辨认的方法是购买的时候先拭去油渍，或刮去蜡衣，并在亮光下反复映照和用力挤压，这样就能及时区别良莠，以免上当。

辨识老坑、新坑

另外，印石无论产自何地，都以老坑出品为佳。所谓老坑，是指矿脉形成年代久远、素以出产量大且质地精良而著称的石材坑口。

要识别印石出产于新坑还是老坑，最常见的方法：一是，凭肉眼辨别；二是，靠手掂感觉重量。

老坑所产的石材从表面上看大多色泽温润浑厚，火气褪尽而显自然状态，外表就好像是一件上了年份的古玩，让人一眼就能看出其年代久远。新坑的石材因为脉矿形成的时间比较短，给人的第一印象往往就是质感单薄，有的新坑石材的颜色虽然也很夺目，但仔细观察就会感觉燥气厌人，华而不美。老坑的石质缜密细腻；新坑则多松粗软嫩，稍加磕碰，极易坏损。

因此，印材在透明匀洁的前提之下，以分量较重的为好。有些手感明显的"轻量级"石料，即使鲜艳洁透、秀色可餐，亦不足贵，甚至根本无法镌刻。当然，老坑总体产出质量较好，但把含糊的老坑当成质地好的代名词则是谬误。

老坑也有总体产出质地差的，新坑也有总体产出质地好的。对成品而言，所见即所得，不应该一好就往老场老坑上生搬硬套，一差就说是新场新坑，这实际上是先射箭后画靶，就是用虚的不易明确的内容来掩盖某些不合理。

瑞兽钮章·青田封门青石

尺　　寸　3厘米×3厘米×10.2厘米

巧辨新旧青田石章

区别青田石章的新旧年份，可以从印章的质地、皮壳、包浆、雕工、颜色以及印章的刻面和边款等几个方面进行。

印石质地

明代和清初的青田石，色泽青碧稍暗，石质几乎都纯净无瑕，属于灯光冻的范畴，它比新坑种来的细腻、松脆，雕刻时不燥不裂，可以随心所欲。所以，篆刻家喜欢刻旧的青田石，较之书画家喜欢在旧的宣纸上作画来得更甚。

清代初期的青田，质地细腻洁白，但已经没有明坑青田的硬度，所以印章的棱角、线条、刀刻痕迹都有不及，表现不出那种生辣和机锋，流传至今，往往显得圆浑了。

雕刻刀法

明代青田石的石质细而硬，印章的棱角锋利，刀刻上去显得老辣，且不易磨损变成圆弧形；折光视其印章，表皮有白色的细小颗粒熠熠生辉，形状就好像生梨芯上的白点，疑似含有云母成分的缘故。有的明坑青田，表面视之，似有一条水波纹，好像没有磨平的感觉，但仔细观察，或者用手抚摸，却是十分平整光洁。

雕刻风格

旧青田石印章的印钮，雕刻风格完全是浙江青田派的风貌，因为当时寿山石印钮雕刻的风格还没有完全形成，不可能对青田的雕刻构成影响。这个时候的青田石印钮大多是葡萄钮、暗八仙钮（以八仙手中的8件宝物来代表8个人物），"五蝠（福）临门"钮等。清代中期以后，寿山石印钮的雕刻风格逐渐形成，并开始逐渐影响

印章·青田青田蓝带石

尺　寸　3.2厘米×3.2厘米×14.3厘米

青田石印章的雕刻。

雕刻流派

在区别新旧印章的时候，还可以从印章篆刻流派这一角度去考证。凡是在浙派形成之前的篆刻印章名角，如朱简、汪关、苏宣等人所刻的青田石印章，应该属于明坑青田或者清初青田。

其他特点

旧的青田石印章的价格，按照印章的质地、多寡、品相、色彩等方面来衡量，均应该高出新坑多倍。

另外，过去买到好印材的人往往忽视这件作品的美妙，磨去原来的刻上自己的名字，这样的情况百年以来一直如此，所以老坑石每入一家就矮一次，不到几十年全变"侏儒"了，所以好材料又是优秀篆刻作品的很少。

瑞兽钮章·青田封门青石

尺　寸　3厘米×3厘米×8厘米，
3厘米×3厘米×8.4厘米

鉴石要点　瑞兽是青田石钮常见的雕刻题材，瑞兽的造型取材于龙、狮、麒麟、貔貅等，蕴含着神秘莫测的色彩，广为人们所接受。

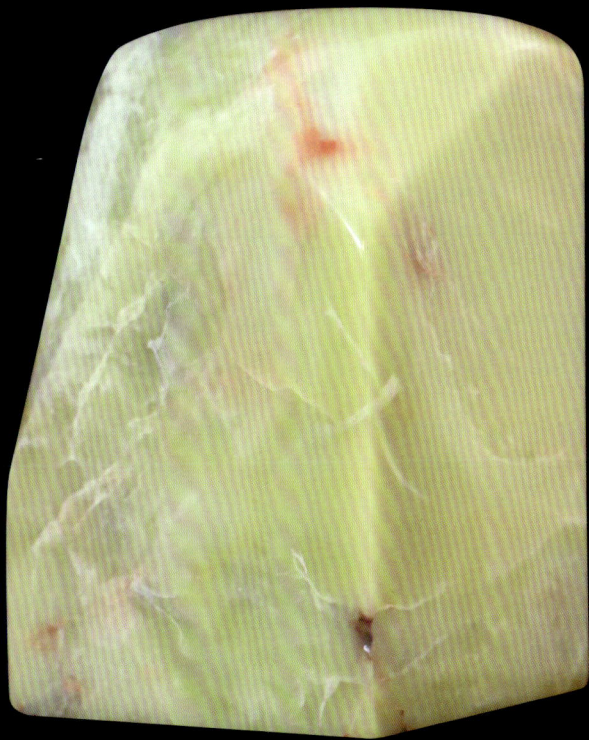

印章・青田红花石

尺　寸　4.5厘米×4.5厘米×6厘米

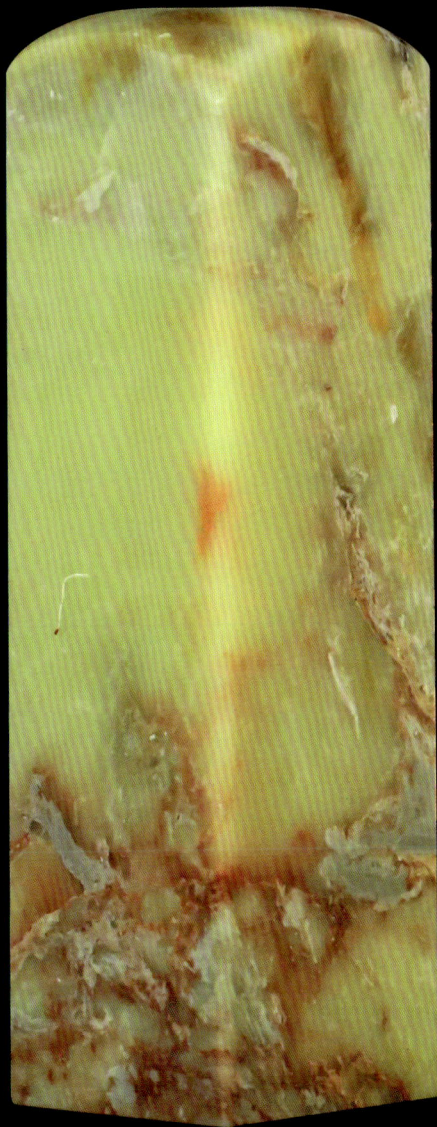

印章・青田封门青石

尺　寸　7.9厘米×7.9厘米×12.5厘米

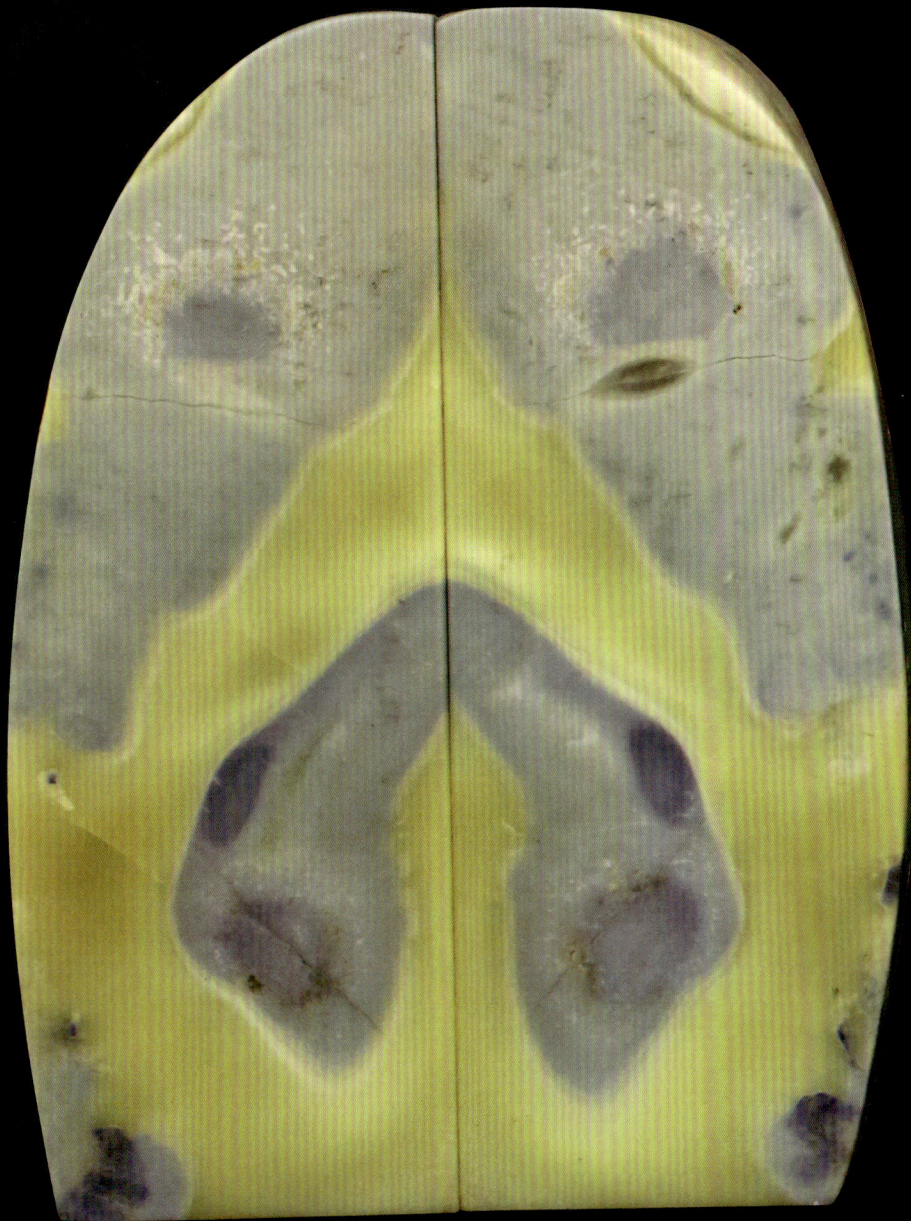

随形对章·青田蓝带石

尺　寸　15厘米×11厘米×3.2厘米

鉴赏要点　色界分明，黄蓝分界明显，整体构图给人很多的
想象空间，看上去像人脸，也像双头蛇。

与青田石混淆的其他印石

青田石制成的印章，历来为人们所钟爱，所以很早就有人拿与青田石相仿的石头来冒充，但质量和青田石相差甚远，对此需要仔细鉴别。青田石中的灯光冻和封门青也有假冒，如今又有假冒蓝星和假龙蛋。市场上常见用辽宁宽甸石和丰顺叶蜡石来假冒"封门青"的。青田灯光冻有用朝鲜灯光冻冒充的，还有所谓"北山灯光"、"小顺灯光"等。业界认为，这些冻石均属于地开石，而非叶蜡石，其石质坚韧，奏刀艰涩，虽然较为透明，但感觉轻浮。

辽宁宽甸石

宽甸石，产于辽宁省丹东市宽甸满族自治县，该石外观酷似青田石，其色青中带黄或偏绿，微透明至半透明，光泽极强；肌理多含浅色紫纹，内部为鳞片晶状结构；但石质燥烈，不易受刀，用力镌凿则有鳞状石片剥落，呈崩碎状，刻痕斑驳。

宽甸石质细较透，硬度与叶蜡石相近，佳者亦可用作刻制印章。尽管宽甸石质细较透，光泽挺好，外观也有近似之处，但其青色偏黄绿、色泽浮躁，肌理多含浅色紫纹，收藏时只要仔细鉴别就可以防止上当受骗。

丰顺叶蜡石

丰顺叶蜡石产自广东省梅州市丰顺县的汤西地区，所以人们也称其为"广东石"，丰顺汤西产的叶蜡石色彩丰富、光泽秀韵，极具观赏和收藏价值。另外，由于其硬度低，韧性高，也是雕刻治印的上好材料。

丰顺叶蜡石的主要成分有三氧化二铝、石英、高岭石、绢云母，少许三氧化二铁，形成于上侏罗纪高基坪上亚群的中酸性火山岩。它既有青田石的斑斓色彩，又具备寿山石的温润、凝透，相较之下却更显清雅，品质很高。

据当地居民介绍，由于寿山石和青田石资源日渐稀少，近十年来常有商业嗅觉灵敏的福建、浙江，甚至内蒙古、重

貔貅钮章·青田封门青石
尺　寸 2.5厘米×2.5厘米×10.3厘米

庆的商人到丰顺购买叶蜡石，充当寿山石、青田石、巴林石贩卖。

在鉴别的时候要注意，丰顺叶蜡石有的偏鲜，有的偏白，肌理多白色斑纹。有的更有明显的层状矿石特征，在印体上显出"阴阳面"，有两面较纯净，另两面有较多斑纹。

辽宁绿泥石

还有一种叫做绿泥石的，也与青田石的外观相似。绿泥石又称"绿泥软玉"石，产于辽宁岫岩县，质地晶莹半透明，滑腻质净，光泽上佳，手感温润，这种泥质玉石实际上是蛇纹软玉的绿泥石化，硬度仅1.5~2度，有浅绿、灰绿、深绿、青灰诸色。最初作为玉雕用材，但效果不佳，后被篆刻家发现，成为印石品种之一。

近几年绿泥石被人经高温高压染成通体黄色，混充田黄，高价牟利。广绿泥石是一些变质岩的造岩矿物。火成岩中的镁铁矿物如黑云母、角闪石、辉石等在低温热水作用下易形成绿泥石。

鉴别绿泥石和青田石的时候，可以从石质、色泽、硬度上入手，只要掌握了两者的特性，鉴别起来也非常容易。

肇庆广绿石

因广绿石的色泽与封门青较为接近，旧时有用广绿石冒充封门青的。广绿石出产于肇庆市广宁县，以呈墨绿色、质地致密细腻坚韧如玉而得名。

广绿石除主要含水白云母外，尚含少量磷灰石、金红石、白钛石等。广绿石以呈纯绿、浅黄、奶白、黄中带绿色者为上品，特别是呈纯绿、浅黄色较为难得。显油脂光泽、蜡状光泽，微透明至半透明。硬度为

素章·青田蓝带石
尺　寸　3.3厘米×3.3厘米×15厘米

龙钮印章·青田封门青石
尺　寸　3厘米×3厘米×11厘米

2.5～3度，质地致密细腻。

　　广绿石岩质呈致密块状，小刀可以刻动，分别具有蜡状光泽、珍珠光泽和丝绢光泽，广绿石品种繁多，质地细腻，温润如玉，色泽丰富优美，有灰白色、牛角色、淡绿色、白中带绿、黄中带绿、白中带绿色条纹等。

　　由于广绿石色彩艳丽、丰富，有些广绿石不需太大加工，经打磨、抛光之后就会显现出生动美丽的图案和动、植物乃至人物形象，成为一件天然的艺术品，所以不少专家称广绿石是一种罕见的奇石。广绿石常按颜色特征划分品种。

龙钮章·青田彩石
尺　　寸　3厘米×3厘米×7厘米

龙珠钮章·青田石
尺　　寸　3.5厘米×3.5厘米×8.5厘米

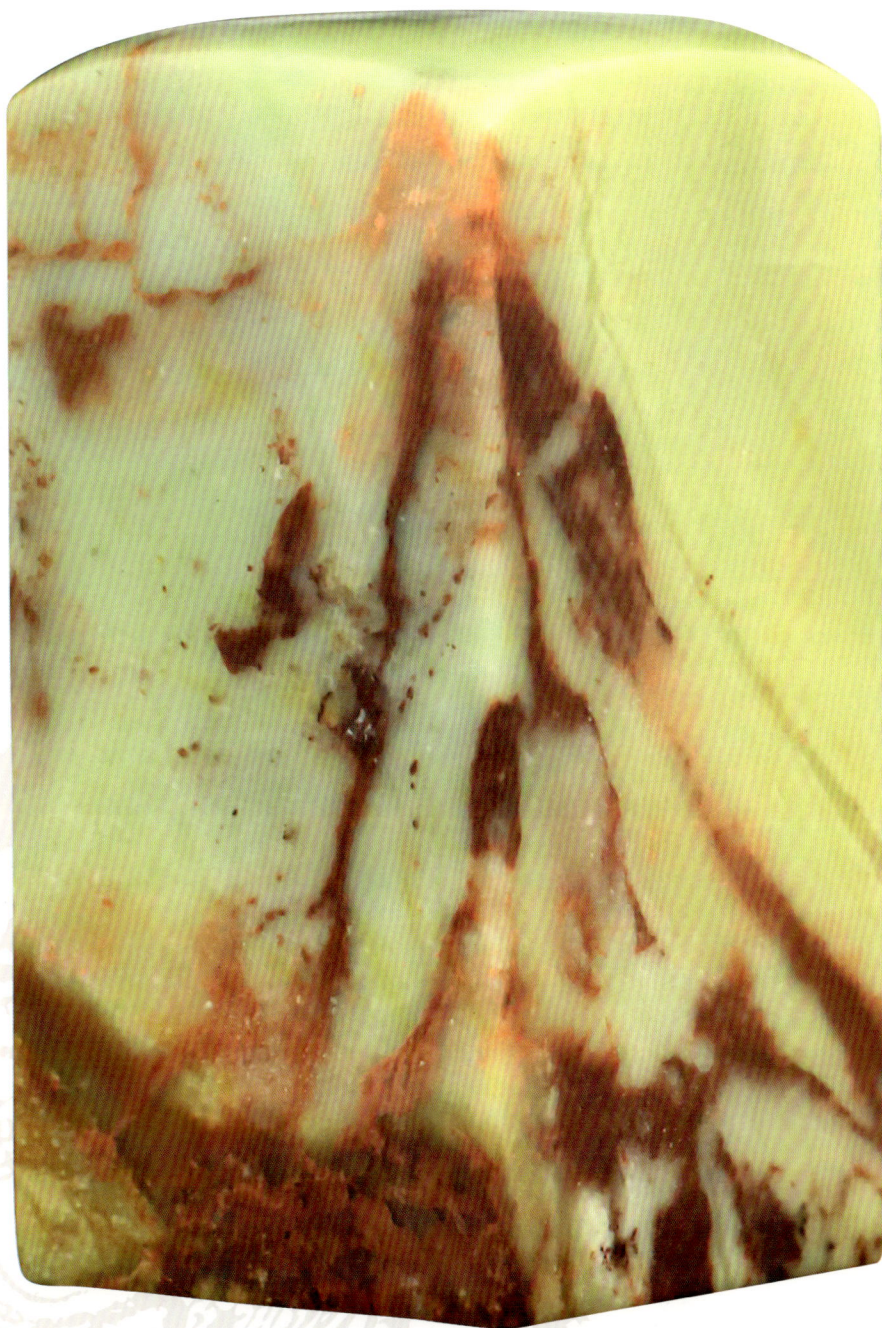

印章·青田红花石

尺　寸　6厘米×6厘米×12厘米

鉴石要点　此类石材的特征是红色间带有青黄色，质地脆软，通灵明净，微砂，表皮常带有微青色。

青田石与寿山石的区别

青田石一般呈典型的蜡状光泽；而寿山石呈弱的蜡状光泽。青田石的结晶颗粒较粗，呈片状，定向排列，所形成的集合体质粗地燥；而寿山石的结晶颗粒浪细，他形粒状结构，镶嵌分布，紧密堆积，所形成的集合体温润细腻，犹如胶冻。青田石的断口较粗，有片状走向感；而寿山石的断口细腻，无定向感。青田石敲击易裂开，硬度浪低，仅为1~1.5，容易被指甲划伤；而寿山石性韧，硬度稍高，为2~3，较难被指甲划伤。

外观对比

外观上青田石性坚，结实，但没有寿山石脂润。青田石中的"灯光冻"，颜色微黄，纯洁、半透明、质地细密，与寿山石中寿山坑头冻石很相似。但青田石的矿物成分以叶蜡石为主，与以地开石为主要成分的寿山坑头石相比较，两者在质地上还是有区别的，即青田石无萝卜纹。

产地对比

主要矿物方面，青田石的主要矿物为叶蜡石，以叶蜡石为主的青田石约占青田石品种总数的70%以上，而寿山石的主要矿物为地开石(高岭石族矿物)。

次要矿物方面，蓝线石、红柱石、刚玉，特别是近宝石级的单晶体蓝刚玉为青田石的特征次要矿物。青田石中的叶蜡石较少伴生有硬水铝石，寿山石中的叶蜡石常伴生有大量的硬水铝石次要矿物。

新品种方面，青田石和寿山石中均发现有绢云母型新品种。

珍贵品种的矿物组成，寿山石中的珍贵品种田黄石的矿物组成为珍珠陶石和地开石，而青田石中的珍贵品

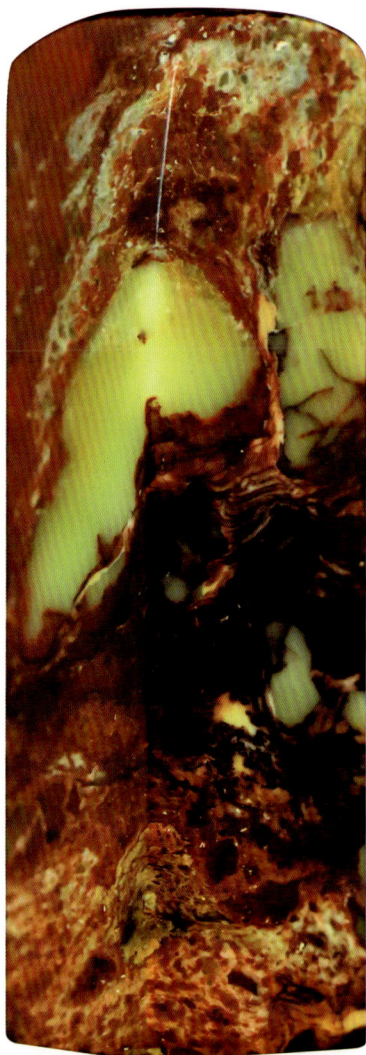

方章·青田红花石

尺　寸 3厘米×3厘米×11.8厘米

种灯光冻的矿物组成为叶蜡石。

结构有序度方面，青田石的内部结构有序度普遍高于寿山石。

透明度方面，青田石的透明度普遍低于寿山石。因为青田石以叶蜡石为主，矿物组成复杂，次要矿物丰富，结构相对疏松，含铁量较多。而寿山石以地开石为主。一般来讲，叶蜡石型印章石的透明度低于地开石型印章石。

分类方面，青田石目前分为叶蜡石型、地开石型、伊利石型和绢云母型。寿山石分为田坑、山坑、水坑、原生矿、次生矿。

青田石、寿山石的产地特征存在差异与它们的母源岩性、成矿环境和蚀变作用差异有关。

狮钮印章·寿山石高山朱砂冻石

尺　　寸　4厘米×4厘米×15厘米

鉴石要点　石质细腻通透，透明度要明显好于大多青田石种，石头肌体内部的朱砂点清晰可见。

瑞兽钮章 • 青田封门青石

尺　　寸　2.7厘米×2.7厘米×8厘米

鉴赏要点　颜色青而泛黄，一如纯净的黄蜡，又如春天里清淡的嫩叶，不坚
　　　　　不燥，受到历代诸多印石篆刻家的青睐。

魑虎钮章·寿山火焰荔枝冻石（俯）

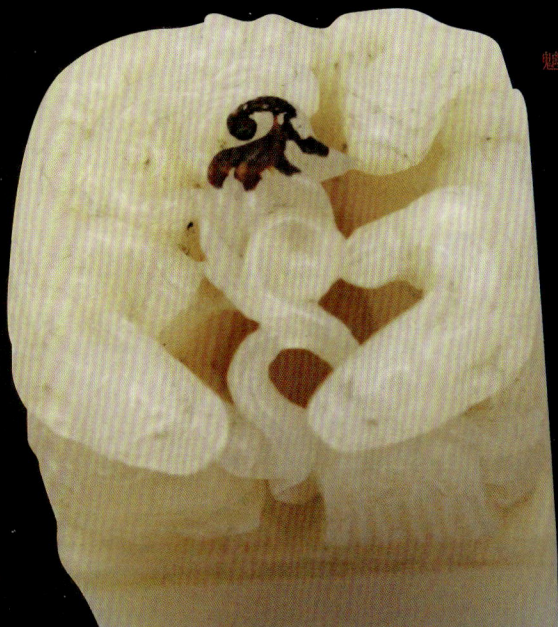

魑虎钮章·寿山火焰荔枝冻石（正）

尺　寸　3厘米×3厘米×8厘米

鉴赏要点　荔枝冻是寿山石的名贵品种，石质
　　　　　细腻通透，此类石头的市场价格近
　　　　　几年来直逼田黄。

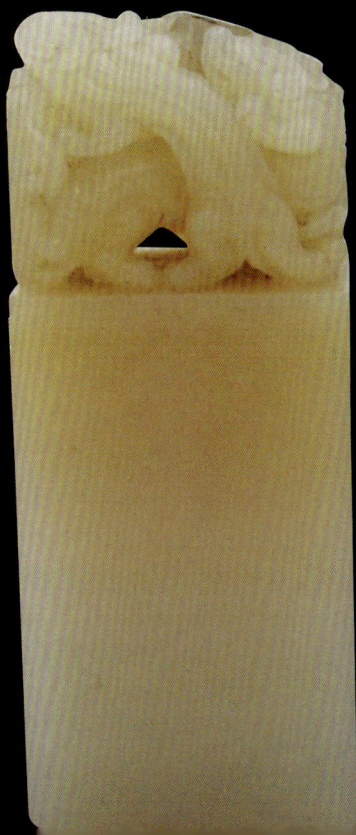

魑虎钮章·寿山火焰荔枝冻石（背）

青田石常见的作伪方法

青田石的常见优化处理方法主要见于章料，有拼贴法、模压法、嵌补法。

（一）拼贴法

拼贴法目前主要是用于仿封门青的章料。方法是将封门青石料切成薄片，然后用对角拼接工艺拼贴于普通方章的六个面。此种仿制章料应仔细检验对角线，从中寻找拼接的蛛丝马迹。

（二）模压法

模压法目前主要是用于仿封门青的章料和龙蛋。

1．仿封门青的章料

方法是用封门青石料添加颜料拌胶水压制而成。此种仿制品外观上色彩纯净，无裂纹，无杂质，微透明，体积大，十分诱人。识别的方法可用一摸二听三看四试的方法鉴别。一摸：用手摸天然石章感觉冰冷，而仿制石章易暖；二听：用手指弹，天然石章音比较沉，仿制石章音脆；三看：对着强光，天然石章边缘有透明感，至厚实处影调变化自然；仿制石章为增加重量，在章体内埋有铁条，隐约可见；四试：用刀刻仿制章，如同刻塑料制品，刀下无白色粉末，仅见一条卷曲的细丝。

2．仿龙蛋

方法是将龙蛋样品翻成模具，再用石粉、颜料树脂调配出深褐色、青色充填料，分别灌

狮钮·青田封门青石

尺　　寸　3.5厘米×3.5厘米×8厘米
鉴石要点　又名"一品当朝"钮，一只雄狮傲立于顶部，
　　　　　象征声威显赫、官运亨通。

入不同部位，加压、震动、翻模，形成有深色"蛋壳"和青色物像的雕刻品。这类仿制品粗看色彩鲜艳分明，雕刻工艺尚可，有一定的观赏性。识别方法主要靠观察，即色彩过于鲜艳，不自然。一般是用做20厘米左右的中小件人物作品，具有复制性。若发现有两件造型相同的作品，即属此类。另外雕刻品的线条不够清晰，用刀在作品底部试刻即可鉴别。

(三)嵌补法

取质地较好的蓝星方章或随形章，钻些大小不一的浅洞，然后用树胶调和蓝色颜料，再嵌入洞内，待干燥后打光上蜡。这种仿制章外观上蓝点鲜密，质地也不错。但是，蓝点的形状过圆，分布呆板，缺少自然感，同时色点浮露，缺少隐现的丰富层次，因此只要仔细观察即可辨认。

有市场，有收藏价值，赝品便会蜂拥入场，在这个认钱不认物，鉴定专家可以为假文物开鉴定证明的时代，想要玩转艺术品投资，不但要眼光独到，更要谨慎加小心。

世外桃源·青田乌紫岩石
尺　寸　21厘米×41厘米×19厘米
鉴石要点　石色呈黑色微带紫色调，石头的质地一般，结实少裂纹，肌理隐有疏朗微细的白色花点。

天山之阁·青田蓝星石

尺　寸　29厘米×26厘米×13厘米

第六章

跟行家淘宝贝，

一学就会的收藏投资法

青田石的价值评价及市场走势

最近几年来，青田石的价格呈扶摇直上的趋势，每年至少有30%的涨幅。比如，20多年前，一般的封门青的价格都是20多块钱，现在好的封门青要几十万。这一方面是市场大环境的问题，另外一方面也与青田石自身宣传以及资源短缺等因素有关。

收获·青田石

尺　寸　60厘米×94厘米

鉴石要点　穗粒红润，沉甸饱满，通体洋溢着一股春耕秋收的喜悦，就如青田石的质地一样，沉静内敛。

贱金不如贵石

青田石的名贵自古亦然，篆刻家皆称"贱金不如贵石"，如今青田石的总体产量和精品数量也大不如昔，而收藏队伍的逐渐扩大，导致其价格逐年攀升。普通的青田石原石一般以吨为单位计价，但好一点的青田石则以每公斤多少钱计价，而上好的青田石则是以克为计价单位。目前收藏市场上中档材质的青田石价格多为几百元至上千元不等，像一枚中档材质的青田石印章，价格一般都在数万元。

青田"两怪"

在青田县有"两怪"：一怪是菜市场买菜用欧元；二怪是石雕比金贵。这两点也恰恰道出了浙南明珠——青田的两大特色："中国著名侨乡"、"中国石雕之乡"。

拥有23万华侨大军的青田，其消费水平直逼国内一线城市，便得了个"消费小香港"的雅称。每年都有大批华侨回青田探亲休假，同时也带回了大笔外钞，美元、欧元在青田司空见惯，有时候拿欧元也能在菜市场直接买到菜。

价格扶摇直上

名贵玉石，一直都是民间资本青睐的炒作对象，目前，青田石雕主要作为工艺品在市场上销售。

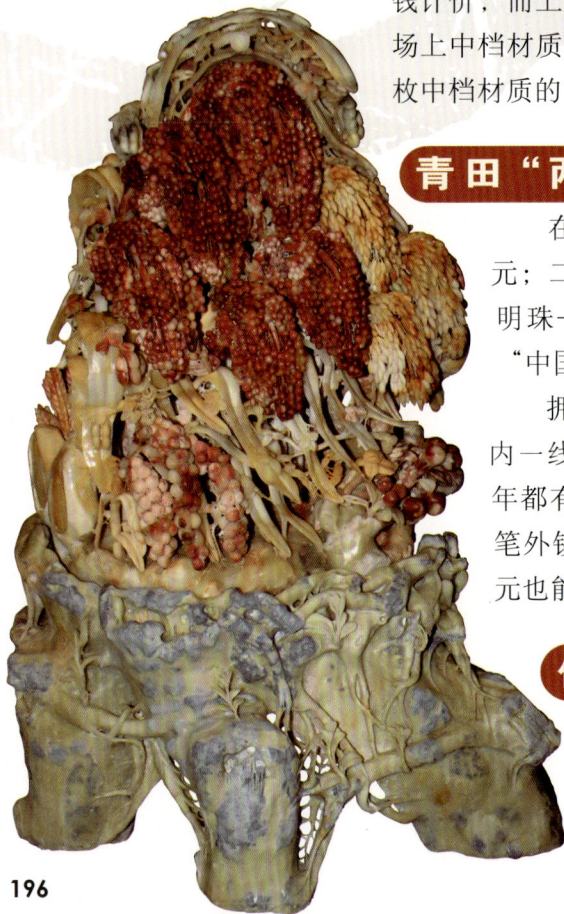

最近10年，部分石雕价格扶摇直上，堪比奢侈品，特别是名贵的封门青品种，在青田人心中的地位更高。倘若这些封门青又碰到了名师来雕刻，那么成品的石雕价格就是有钱也不一定能买到。青田石雕在当地充当着如货币般的等价交换物角色。

青田房价高得离谱，县城中心的房价要4万多元一平方米。近些年，很多买不起房子的青田人便拿自己家里收藏的青田石雕换房子。

而青田的房地产公司也根据市场风向，大胆推出了促销新模式，允许顾客"拿石头换房子"：由房产公司和石雕业主依据市场行情共同商定某件石雕作品的价值和市场价格，再以此抵扣买房的首付费用。为何青田石雕的价格这么高？这是因为除了大批华侨携巨资回乡，使得青田有大量闲置热钱供收藏家们炒高价格外，现代化的批量雕刻使得石材资源越来越稀少，特别是封门青等名贵青田石。

横空出世·青田灯光冻石

尺　寸 35厘米×30厘米×60厘米
鉴石要点 在"瘦、透、漏"的假山石中，几叶吊兰，迎风起舞，如横空出世之"灯光"艳丽照人。徐伟军雕刻。

在青田县，青田石雕还可以用来做抵押向金融机构贷款。早在2009年，青田曾出台了这样一个政策：用石雕，甚至石头都能去银行抵押贷款。该县制定了一套专门针对石雕的抵押贷款运行机制——采用金融机构、石雕评估小组、担保公司和石雕所有者"四位一体"的新融资模式和渠道，并获得了中国人民银行和银监局的批准。

申请石雕艺术品质押贷款的流程也非常简单。石雕经营户向当地专门的评估机构提出评估申请，由评估机构给出相应的咨询评估报告书，并取得担保公司提供的担保，相关金融机构及时给予贷款；而被质押的石雕资源资产被放置在当地的石雕博物馆，石雕作品在质押期内也可随时通过买卖还贷。

成长之路·青田彩石

尺　寸　58厘米×28厘米×45厘米

鉴赏要点　作品运用娴熟的多层次镂雕技艺，使得草莓的枝藤交错繁茂，叶片轻盈舒展。而俏色巧妙利用，更增添了作品的真实感。徐伟军雕刻。

四季平安·青田封门青石

尺　寸　34厘米×23厘米×12厘米

鉴赏要点　作品依色取巧，依形取势，充分利用了石材的
颜色与纹理。果实饱满圆润，向阳的一面金黄
红艳，背阳的一面则略显青涩，颜色利用巧
妙，雕刻细腻，增添了许多真实感。

多子多福·青田红花石

尺　　寸　37厘米×25厘米×12厘米

鉴赏要点　蔬果是青田石雕传统的雕刻题材，作品主
　　　　　　要运用了镂雕的技法，色泽鲜艳明丽，果
　　　　　　实饱满结实，既传承了青田石雕的技艺，
　　　　　　又体现了作者对丰收的喜悦之情。

依山傍水·青田黄金耀石

尺　　寸　29厘米×40厘米×17厘米

鉴赏要点　一大片屋宇雕梁画栋，坐落在崇山峻岭之间，山势虽险，但屋宇的构造却坚固不摧，有的傍山，有的立于山顶，有的在山与树的中间，整个作品寓意根基雄厚，坚不可摧。

青田石雕的投资收藏要诀

目前，青田县尤其是山口镇已成为全国各地雕刻石的集散地，石雕、印章的主要生产基地。青田县政府所在地鹤城镇将鹤城东路辟为石雕街，营销日旺；在水南车站建立石雕工艺品中心市场。山口镇将永安街辟为石雕街，石雕商店林立，有的艺人还设有奇石、石雕珍品陈列室，如"惜石斋"、"奇艺坊"、"奇石斋"、"石上品"、"怪石斋"等皆遐迩闻名，可谓"山口多石斋，斋内多奇石"。

独到眼光 + 经验积累

想要在国石投资上获得回报，投资者对一件作品的投资额至少在几万元人民币以上。其次，要有选择精品的独特眼光，这需要长期的经验积累。玉石值多少钱一要看玉石料本身的价值，二要看工艺，工艺价值是作品的人工因素，同样一块石头，由不同的人雕琢，价值也不一样。在青田流传着一个成功投资者的传说：香港影星吕良伟几年前在青田花120万港币买了一位工艺美术大师的一套12生肖青田石刻，据称，吕良伟离开青田没半年转手这套雕刻，赚了200多万。

山茶花·青田红花石

尺　寸　40厘米×32厘米×19厘米

鉴石要点　"东园三月雨兼风，桃李飘零扫地空。唯有山茶偏耐久，绿丛又放数枝红。"这是宋朝著名诗人陆游描写茶花的诗句。山茶花花姿丰盈，端庄高雅，为我国传统十大名花之一，也是世界名花之一。

收藏家具备的四大条件

真正称得上收藏家的人具备的四大条件：

第一，鉴赏力。如果你没有鉴赏力不可能成为好的收藏家。

第二，收藏的数量得要达到一定的量。你说我有一张非常好的"郑板桥"（作品），所以我是收藏家。还有吗？对不起没有了。那么这只是收藏者。

第三，要有研究。真正做收藏的人应该在专业的指导下有自己一个收藏的体系或者风格。有的人收藏齐白石、张大千，是中国这十几年的大家；有的人就收藏中国古代的艺术作品；有的人专门收藏中国的当代艺术；有的人就收藏瓷器或者相关的东西。一定要对自己的收藏专业研究。

成阴结子·青田黄金耀石

尺　寸　27厘米×16厘米×11厘米

鉴石要点　枝头的果实黄艳光洁，玲珑如玛瑙宝石一样，鲜丽亮丽得让人无言以对。鲜艳饱满晶莹圆润，吹弹欲破，虽是一件石雕，但看上去就让人垂涎欲滴。

第四，你的藏品要有一定的地位或者单位的价值。你说我收了很多，收了一千件，但拿出来件件都是普通的东西，这不能成为收藏家。

了解市场行情

过去，青田石的价格不像家电、食品一样，并没有固定的指导价，常常因地、因人而异，浮动很大。但是，目前当地的行业协会正逐渐改变这种状况。

2014年11月，浙江省青田县印石协会发布了青田印石按克计价信息，比如，灯光冻基准价为每克5600元，封门青基准价每克3300元……对比当时的金价，分别是黄金价格的22倍和14倍。

按克计价，为青田印石市场标准化交易提供了参考。这一基准价的诞生，是由30多名石雕专家对青田县印石协会提供的40多款不同规格印石价值进行评估后得出的平均价格，基本代表了当前青田印石价格水平。而发布印石按克计价信息，这在国内"四大名石"产地也属于首创。

生生不息·青田红花冻石

尺　　寸　39厘米×47厘米×60厘米

鉴石要点　作品从日常不为人注意的落叶中，提炼出生命哲理性题材，以诗意般的青田石雕艺术语言，向人们诉说着大自然生生不息的故事，追寻光阴轮回，揭示生命的真谛，诠释美的内涵。徐伟军雕刻。

山清水秀·青田封门青石

尺　寸　20厘米×33厘米×12厘米

鉴赏要点　石是山的局部，山是石的整体。真个作品造型简约，就如写意的一幅山水画卷，寥寥数笔就勾勒出一派山清水秀的旖旎风光，让观者心旷神怡。

遨游四海·青田封门三彩石

尺　寸　56厘米×55厘米×25厘米

鉴赏要点　海阔凭鱼跃，天高任鸟飞。这里的鱼儿，正如人们的梦想，自由自在遨游四海。作者将遨游于浩瀚大海中的鱼儿，演绎为自由神的化身，畅游在欢乐自由的世界之中，游向理想的远方。

凌云之志·青田黄金耀石

尺　　寸　55厘米×28厘米×22厘米
鉴赏要点　志存高远冲霄汉，壮志凌
　　　　　云彻九天。作品造型流畅
　　　　　简约，遒劲的松柏上，一
　　　　　对仙鹤在云端翱翔，体现
　　　　　出的是一种人生的态度：
　　　　　愈挫愈勇，百折不挠。

枯木生花·青田红花石

尺　　寸　52厘米×31厘米×15厘米

金桂飘香·封门青田石

尺　　寸　33厘米×20厘米×12厘米

万事如意·青田黄金耀石

尺　　寸　29厘米×25厘米×11厘米

鉴赏要点　据宋代的《尔雅·翼》
载："柿有七绝，一寿，
二多阴，三无鸟巢，四无虫
蠹，五霜叶可玩，六佳实
可啖，七落叶肥大可以临
书。""事"与"柿"同
音，所以寓意"事事如意"
或"万事如意"。

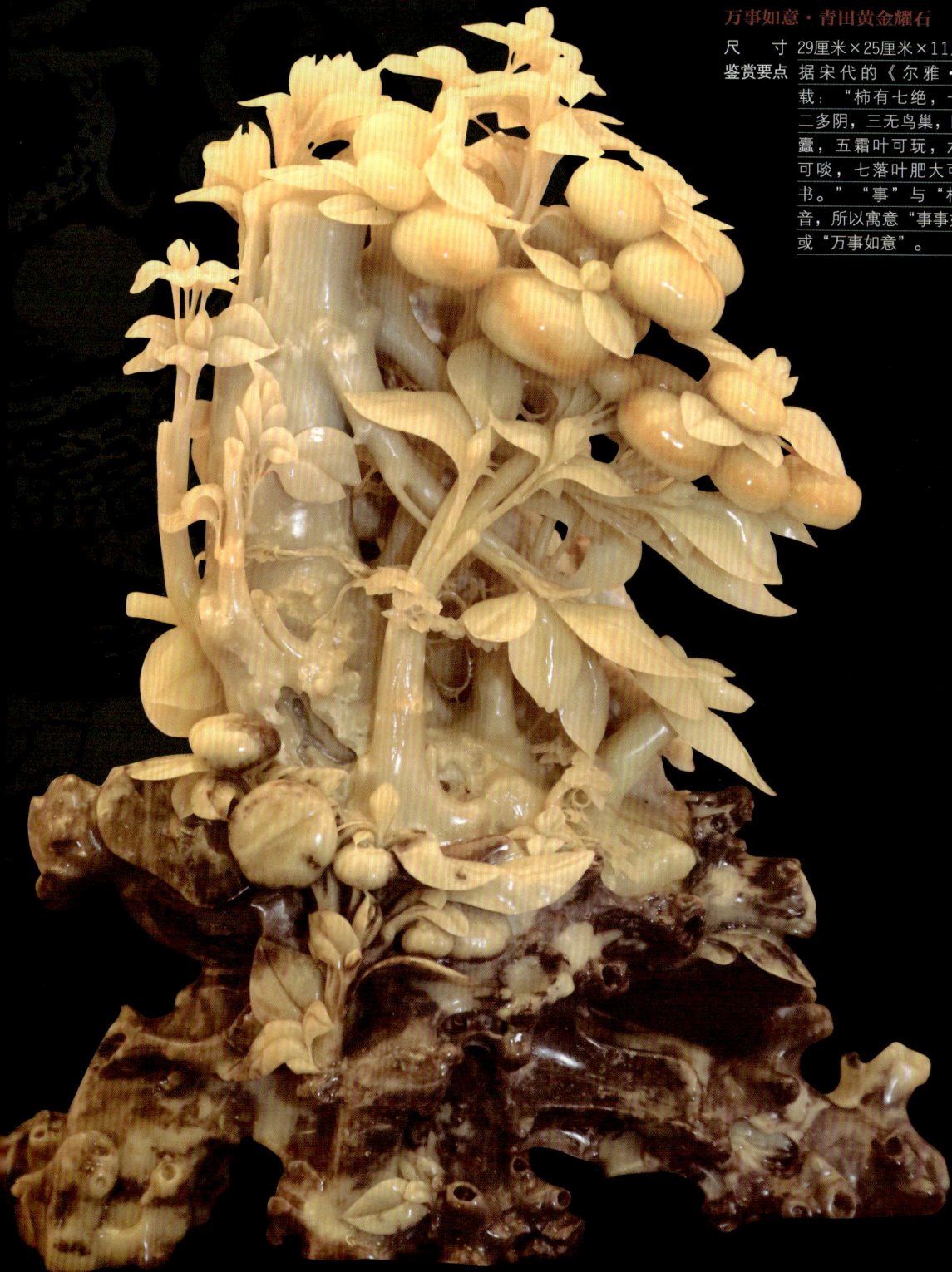

多子多福·青田封门青石

尺　寸　36厘米×26厘米×12厘米

鉴赏要点　葡萄给人最深刻的印象莫过于它成串多粒的果实了，在中国的传统文化中寓意"多子多福"、"子孙兴旺"。

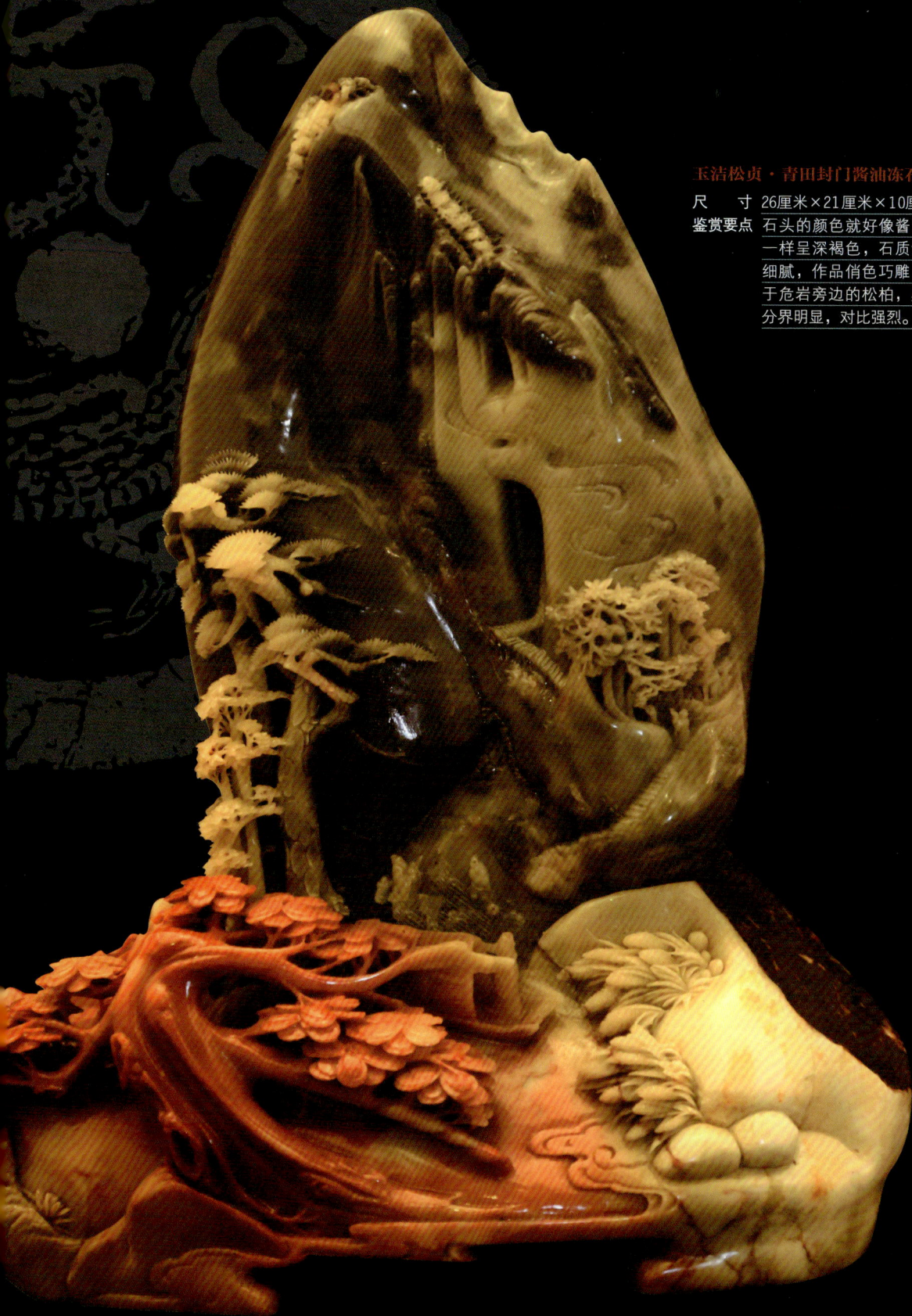

玉洁松贞·青田封门酱油冻石

尺　寸 26厘米×21厘米×10厘米

鉴赏要点 石头的颜色就好像酱油汤
一样呈深褐色，石质温润
细腻，作品俏色巧雕，立
于危岩旁边的松柏，黑白
分界明显，对比强烈。

雪山春晓·青田封门青石

尺　　寸　60厘米×35厘米×16厘米
鉴赏要点　山顶的积雪还未消融，但山间的梅竹已经按捺不住对春的向往，开花发芽，不畏严寒努力生长，这种精神自然也逃不过鸟儿的眼睛，于是停留在竹林枝头，欢快地鸣唱。

万古长青·青田蓝带石

尺　　寸　20厘米×23厘米×8厘米
鉴赏要点　一棵棵松树，坚定而又有气魄，不畏严寒，不怕酷暑，每株都有一颗强大的心，变的是岁月，不变的是青翠与挺拔。

亭亭玉立·青田蓝带石

尺　寸　38厘米×28厘米×15厘米

鉴赏要点　叶片飘逸灵动，叶脉鲜明，线条流畅。牡丹花
　　　　　朵绽放枝顶，生机勃发，开合各异，大小不
　　　　　同，疏密有致，视之亲切。

国色天香·青田红花石

尺　寸　35厘米×27厘米×11厘米

鉴赏要点　"庭前芍药妖无格，池上芙蕖净少情。唯有牡
　　　　　丹真国色，花开时节动京城。"牡丹是很多雕
　　　　　刻家喜欢的题材，就是因为她娇艳动人，脱俗
　　　　　坚韧。

福禄·青田龙蛋石
尺　寸　7厘米×17厘米×16厘米

幸福家园·青田龙蛋石
尺　寸　26厘米×27厘米×12厘米

日正中天·青田龙蛋石

尺　寸　31厘米×22厘米×17厘米

鉴赏要点　龙蛋造型圆润，鲜艳明亮，就
如中午的日头一样照耀着整个
山庄，寓意"日正中天"，事
业学业蒸蒸日上。

青田印章投资收藏有诀窍

印章的收藏自古有之，而在清末及民国时期，印章的收藏更是形成一股热潮，一些具有影响力的藏家辈出，其中就有丁辅之、张鲁庵、华笃安、高络园、葛书澂等印章收藏大家，以及近代钱君匋等人。近年，随着印石拍卖的兴起，名家篆刻、印章逐渐为藏家所关注，市场行情也在不断攀升。然而多年来名家篆刻、印章在拍卖市场中因为藏品鉴定、征集等各方面原因，一直是零星地依附于文玩杂项专场之中，使得印章收藏很难成为系统性的收藏。名家篆刻及印章中，影响其价值的主要因素有以下几个方面。

投资名家篆刻的印章

名家篆刻印章与书画同理，一些在篆刻史上具有历史意义的开派人物和具有代表性人物的篆刻作品，其价值往往要高于其他篆刻家的作品。如吴让之、吴昌硕、齐白石，以及新浙派代表人物王福庵，和有"元朱文第一"之称的陈巨来等人的作品，他们对篆刻的发展起到承前启后的作用，在篆刻史上具有相当的历史地位和重要意义，这些因素自然影响其价值和市场行情。

藏名家篆刻、印章过程中，除了应注意这些问题以外，更要加强自身的学习和研究，对篆刻艺术的发展、传承，及印材、印钮等方面，都要深入的了解，不断学习。这样才能去伪存真，使自己的收藏更加完善，更加系统。

而在印章收藏方面，着重于近现代较为工细一路的名家篆刻作品，如陈巨来、王福厂、来楚生等人的篆刻作品，形成海派印人篆刻系列。但在收藏过程中应多加考证，包括创作年代、风格、特点，以及印材。

某些特定印材对作品风格具有特定性，如牙章等。通过这些考证，可以更好、更快地掌握印章鉴定的技巧。但在这里值得注意的是有些印材是在近几十年才出现的，比如巴林石及一些新型芙蓉石等，如果在民国时期篆刻作品中出现这一类印材，便要对这一类作品加以更深层次的判断。

印章·青田山炮石

尺　寸　<u>3厘米×3厘米×8厘米</u>

投资名家收藏的用印

名家用印就收藏而言，具有相当的人文价值。在历届拍卖中，曾有多次名家用印专题，如潘伯鹰、溥儒、殷梓湘、任政等书画家用印，以及周湘云等藏书家用印等，其价值不仅在于作品本身的艺术价值，更是承载着一段历史，其人文价值不可轻视。

投资有历史意义的印章

印章的内容和一些具有历史意义的作品，直接影响其价值和市场行情，西泠拍卖2006年秋拍中方介堪刻张大千象牙用印"潇湘画楼"就是最好的例子。此印不仅因其刻制精美，品相较大且完整，同时也承载了方介堪与张大千之间的友谊，才创造了99万元的天价。而相比之下，方介堪先生的一般篆刻作品则在万元左右。该场拍卖中另一方吴昌硕刻象牙闲章"人生只合住湖州"也因此内容的特殊性，以78.1万的高价成交。一方印章在有好的内容的同时，刻制的精美程度对其价值的影响也是很大的。特别是一些在篆刻家作品集中有所著录的篆刻作品，这类作品相对来说属于作者的代表作，其价值与其他作品的区别也可想而知。

投资稀缺材质的印石

近年因各类名贵印材资源逐渐稀少，其价格也不断攀升。特别是田黄、鸡血等名贵印石，更是如日中天。在西泠拍卖2008年春拍印章专场中，一方4厘米见方，高8厘米的田黄冻双凤钮闲章，因其高、大、方的完美品相，最终以431.2万元成交。

此外，印钮雕工也是影响其价值的一大重要因素。在印钮发展的历史上，名家辈出，清代有杨玉璇、周尚均等，近现代有林清卿、林文举等。这些名家精良的雕工，本身就有很高的艺术价值和收藏价值。

瑞兽钮章·青田红花石
尺　寸　3厘米×3厘米×10厘米

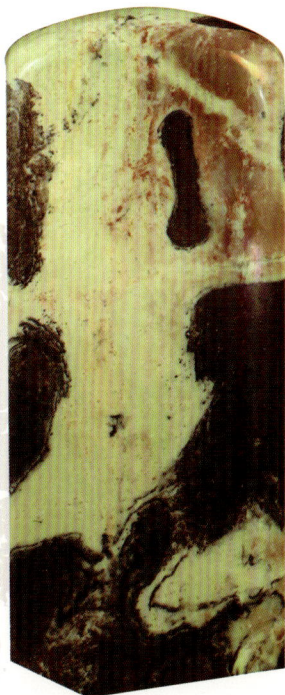

方章·青田红花石
尺　寸　3厘米×3厘米×12厘米

印石及印钮的收藏也应成系列化。比如一些藏家喜欢以寿山石为范围，集各类品种石。或以昌化鸡血、青田封门青等为目标，以单一品种达到一定数量，形成一个系列，都是非常好的系列收藏。但此类收藏，因注意选择品种石中较为典型的，作为藏品。近年以他山之石冒充封门青等名贵石种，或以次充好之事，时有发生，在收藏过程中应加以鉴别。而一方好的印石，在不破坏印石本身美感的前题下，加上名家制钮则更是锦上添花。优质青田印石，细腻、温润、结实、坚脆、微透、富有光泽。青田石属叶蜡石矿物，爽刀是基本特征，其色彩明朗，年久不变，愈久愈妙是其他印石不能相提并论的。

青田印石的色彩相当丰富，以青色为主调。青兰色的素雅，金黄色的艳丽，黑色的端庄，红木色的深沉。奇纹异彩更具自然之美，令人赏心悦目，情怡神旷。

印石的质与色是划分优劣的唯一标准，质有粗细老嫩之分，色有纯正晦暗之别。质嫩则易裂，色纯最迷人，故纯正明艳者为上。印石按色彩可以划分为单色、花色两大类。单色类青田著名印石有灯光冻、兰花冻、封门青、封门黄、竹叶青、红木冻、白果、黄果等品种；花色类的著名品种石有封门彩冻、兰星、水草花、朱砂青田、葡萄冻、封门木纹石以及各种奇纹异彩石。

单色印石的鉴赏，关键在印石的纯净程度。纯而无瑕，极为稀有。然纯度是相对而言的，绝多数印石含有石筋石纹，或明或暗。其次是印石的颜色，纯正、明艳为优，浑浊、晦暗为劣。印石的光泽度亦不可忽视，没有亮泽的印石必然是劣质石。

花色印石的鉴赏，关键看印石的质地。印石夹生于顽石之间，花色印石多数含有砂钉或质硬不能进刀，或光泽、质地不够理想。如兰星印石，宝兰色软星点而兼纯封门青质地者则十分稀有。其次为纹理、色彩，如水草花印石，花色

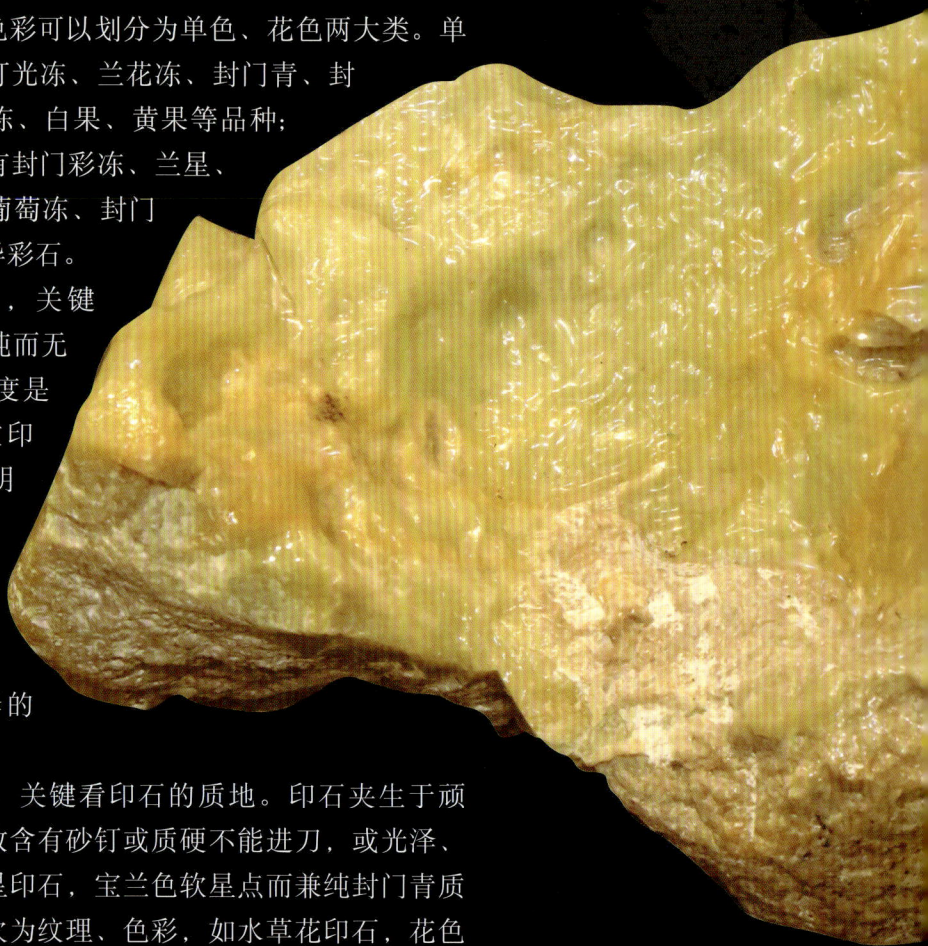

黄宾虹印章·青田石
尺　　寸　2.4厘米×2.4厘米×5厘米
鉴赏要点　篆刻"冰上鸿飞馆"。

自然有致，质地优者为珍品。封门木纹石，其色彩纯正、明艳，纹理清晰有序，光泽强者为印石佳品。

封门三彩、双彩，其层次分明，色彩纯正者稀有珍品。周村葡萄冻，其冻点四面分布均匀，色纯质细不含砂钉，亦别有风味。其他颜色奇特，纹理奇妙，具自然之美，天趣盎然，亦令人赏心悦目。

青田黄金耀原石
鉴赏要点　作为印章石原石，好的材质也会以"素颜"体现不菲的身价。

221

全国青田石主要交易市场

中国石雕城

中国石雕城位于青田石雕文化发源地——青田县山口镇。山口镇是青田石雕的主产地,是全国最大的石雕、石章制作、销售、交易市场之一,是国内雕刻石的重要集散地。这里几乎家家办石雕厂,户户有石雕陈列室。在石雕城里,各个展厅里都摆放着很多青田石雕,有的是待售的商品,有的则成了私人的藏品。现在越来越多的有识之士意识到青田石雕的原材料作为不可再生资源,越来越少,好的石头更是不多见。很多归国华侨也担心有些石雕精品会流失到海外,于是纷纷购买石雕精品,作为个人的珍藏。很多华侨将这些私人珍藏的石雕暂存在石雕城的店铺里,并标注上自己的名字。如今,这样的藏品已成了青田石雕城里的一道风景。

夏起石印艺术馆

位于青田县山口镇永安北路18号,该馆是高级工艺美术师、中国宝玉石协会印石专业委员会副主任夏法起(笔名夏起)先生30多年的不懈努力的结晶,是我国首座民间石印艺术馆,共分为印石种类、印章雕刻、篆刻三部分。在石种部分陈列的有青田石中的青、黄、蓝、绿、红、紫、褐、黑、花十大类100余种印石标本。还有寿山、昌化、巴林及全国十多个省区数十个产地的印石标本200余种。

吉祥如意·青田龙蛋石

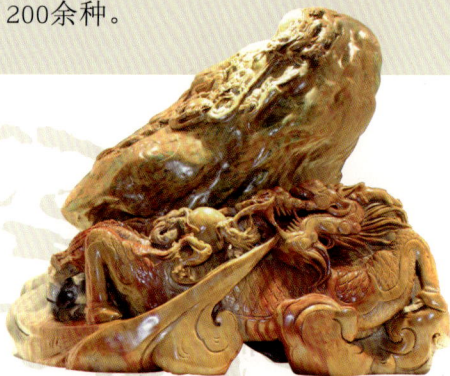

风调雨顺·青田山炮绿石

牛气冲天・青田封门石

古色古香・青田龙蛋石

惜石斋

　　惜石斋位于山口镇石雕城三楼，是倪东方大师作品和他收藏的珍贵奇石的陈列处，堪称青田石艺的珍宝馆，其中陈列精雕作品100余件，奇石500余方，斋内作品多次被选送海内外展出。惜石斋收藏、陈列着众多青田石上等原石和大师数十年来创作的艺术珍品。步入惜石斋，给人的最初感觉就如进入一个石雕世界，这里的展品琳琅满目，飞禽走兽无奇不有，虫鸟果蔬栩栩如生。

青田石雕博物馆

　　青田县石雕博物馆是青田石文化的集散中心，是青田石雕6000年石雕历史的缩影，目前已成为当地一道靓丽的旅游景点。青田石雕博物馆的一楼是青田石的交易市场，被改装成青田石雕的精品屋，大多由当地的石雕商户经营，一方面是展示自己雕刻的作品，另外一方面也用于出售。

青田县水南车站石雕交易市场

　　位于青田县水南长途汽车站内，这里是最早的青田石交易市场，很多店面比较简陋，主要以印章以及小的雕件为主。不过，周边也有很多精装的石雕精品店，旅客在候车的时候无论是欣赏还是购买，都算是一个不错的选择。

杭州吴山古玩城

　　杭州吴山古玩城创办于2005年，是杭州最早兴建的从事文化艺术品交易的商城，无论是规模还是档次都在江南首屈一指。商城位于杭州市第一商业大道延安南路1号，交通便利。这里曾是南宋古都之主城区，历史积淀极其深厚，文化底蕴源远流长。杭州吴山古玩城有三个经营楼层，总营业面积达26000平方米。主营古玩、玉器、杂件、瓷器、书画、钱币、奇石、仿古家具等艺术收藏品，兼营高端养生滋补品批零生意。

加官进爵・青田封门蓝带石

花开富贵・青田蓝花石

怡然自乐・青田黄金耀石

行家这样鉴赏青田石

不可不知的投资圣经

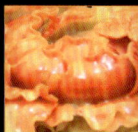

主要参考文献

赵永魁，张加勉：《中国玉石雕刻技术》，北京工艺美术出版社，1994年

姚宾谟：《昌化石志》，中华书局，1998年

夏法起：《鉴识青田石》，福建美术出版社，2002年

夏法起：《青田石文化》，浙江摄影出版社，2005年

张培莉等：《系统宝石学》，地质出版社，2006年

崔文元，吴国忠：《珠宝玉石学GAC教程》，地质出版社，2006年

沈泓，王克平：《印石鉴赏与收藏》，安徽科学技术出版社，2006年

方泽：《四大名印石》，百花文艺出版社，2007年

陈墨，洪炜津：《青田石雕》，浙江摄影出版社，2009年

印农：《印石收藏与鉴赏:印石的市场价值分析》，中国时代经济出版社，2009年

潘天寿：《治印丛谈》，浙江人民出版社，2013年